THINK TANK

智库论策

基于架构创新能力的全球价值链地位提升研究

Research on Promotion of China's Industrial Position in Global Value Chain based on Architectural Innovation Capability

刘 芸 著

上海社会科学院出版社
SHANGHAI ACADEMY OF SOCIAL SCIENCES PRESS

目　录

第一章　导论 ······ **1**
一、研究背景及意义 ······ 1
二、研究的技术路线与方法 ······ 4
三、研究的框架设计、主要内容与创新点 ······ 6

第二章　文献综述 ······ **11**
一、企业创新能力与创新驱动理论 ······ 11
二、架构创新理论回顾 ······ 16
三、全球价值链研究回顾 ······ 20
四、研究述评 ······ 22

第三章　架构创新能力与全球价值链地位提升的理论分析 ······ **24**
一、技术创新、分工深化与全球价值链的形成 ······ 24
二、产业发展不同阶段创新链与价值链互动规律研究 ······ 25
三、架构创新、架构创新能力与全球价值链地位提升的机制分析 ······ 33

第四章　企业架构创新能力的构成要素及其测度：振华重工探索性案例分析 ······ **40**
一、研究方法与案例选择 ······ 40
二、振华重工架构创新能力的演进路径及其跨越式发展 ······ 44
三、振华重工架构创新能力演进的实现机制 ······ 48
四、企业架构创新能力的特征及构成要素 ······ 51
五、企业架构创新能力量表开发与测度 ······ 54

第五章　成熟产业架构创新能力与全球价值链地位提升的实证分析及其攀登机制：以汽车产业为例 …………………………… 70

一、全球价值链地位的测度 …………………………… 70

二、研究假设 …………………………… 73

三、研究设计 …………………………… 74

四、研究结果与讨论 …………………………… 78

五、比亚迪架构创新的“能力、时间、空间”三维立体式分析 …………… 91

六、结论：成熟产业“利基市场—架构创新—新产业标准”的攀登机制 …………………………… 107

第六章　新兴产业“领先市场—架构创新—产业标准”的攀登机制 ……… 111

一、架构创新、领先市场与全球主导设计的形成机理 ………… 111

二、基于架构创新的新兴产业全球价值网络的自主建构路径 ………… 115

三、领军企业架构创新与新兴产业全球价值网络的治理挑战 ………… 120

四、结论 …………………………… 125

第七章　企业架构创新能力成长导向的创新政策设计 ……………… 126

一、产业发展各阶段创新链与价值链互动的内在要求 ………… 126

二、科技创新政策工具 …………………………… 132

三、企业架构创新能力成长导向的创新政策设计 ………… 141

第八章　结论和展望 …………………………… 150

一、研究结论 …………………………… 150

二、研究局限之处和未来研究方向 …………………………… 153

主要参考文献 …………………………… 154

第一章　导　论

一、研究背景及意义

全球价值链升级的根本目的是提升中国产业在全球价值链中的国际分工地位，关键是通过技术能力的提升和创新驱动来突破中国产业的低端锁定，实现产业高端、高效化发展。全球价值链升级的关键是突破制约产业发展的核心技术或关键技术，提升中国产业全球价值链地位的核心标志是拥有全球技术标准制定的话语权。如果不掌握核心技术和标准规则，产业越大越容易成为被宰的“羔羊”。技术制高点只是冰山一角，其下面的创新生态系统才是攀登全球价值链高端的不竭动力。

（一）研究背景

2012 年党的十八大报告指出“科技创新是提高社会生产力和综合国力的战略支撑，必须摆在国家发展全局的核心位置”。2016 年中国发布的《国家创新驱动发展战略纲要》，明确提出了到 2050 年建成世界科技创新强国，成为世界主要科学中心和创新高地的战略目标。党的十九大又设定了“促进我国产业迈向全球价值链中高端，培育若干世界级先进制造业集群”，“到 2035 年跻身创新型国家前列”的战略目标。深化供给侧结构性改革，增强创新驱动发展新动力，切实提升中国产业在全球价值链中的地位，是贯彻落实党的十九大精神，建设现代化经济体系，推动高质量发展的必由之路。当前，全球范围内的新一轮科技革命蓬勃发展，A（人工智能）、B（区块链）、C（云计算）、D（大数据）等新兴技术正在推动产业深度变革。在这种新的历史背景下，如何充分借鉴美国、德国、英国和日本等建设世界科技创新强国，抢占全球价值链制高点的经验，探究中国产业迈向全球价值链中高端的基础条件、关键成功要素，对于全面落实党的十九大精神，加快建设创新型强国，具有非常重大的意义。

经过多年的发展和积累，中国的创新型国家建设取得了历史性的成就，一大批基础性、战略性、原创性重大科技成果如天宫、蛟龙、天眼、悟空、墨子、大飞机等相继问世。2017 年中国研究与试验发展（R&D）经费支出达 1.75 万亿元，占国内生产总值（GDP）的比重为 2.12%，已经超过欧盟 15 国 2.1%的平均水平。中国国际科技论文被引量首次超过德国、英国，跃居世界第二。中国发明专利申请量和授权量居世界第一，有效发明专利保有量达 714.8 万件，居世界第三。2016 年中国研发人员高达 24 万余人，占到世界总量的四分之一强，稳居世界第一。这些数据表明，中国已经具备实现创新驱动、跨越发展和迈向全球价值链中高端的基础和条件。但是中国大部分产业仍然被锁定在价值创造的低端状态，大部分企业仍然深陷悲惨增长①的境地。把中国科技创新资源的潜在实力转化为产业转型发展和现代产业体系建设的动能，实现创新链、产业链和价值链的良性互动，是关系到中国提升在全球价值链中的国际分工地位，避免进入"中等收入陷阱"，进而实现高质量发展的关键。

企业自主创新能力特别是架构创新能力是突破产业链"低端锁定"、提升全球价值链地位的关键。实现创新驱动的关键变量是以知识、组织和制度为构成要素的能力发展（路风和余永定，2012）。近年来，中国虽然出现了一批像华为、比亚迪、中兴、海尔、奇瑞、腾讯、展讯、三一重工、振华重工等创新能力较强的企业，但从整体上来看，其技术创新能力离中国产业提升全球价值链地位的要求还有很大的差距。当前大部分企业的自主创新能力仍然比较弱，习惯于模仿，不愿意进行前瞻性地自主创新，缺少具有自主知识产权的关键技术，缺乏核心竞争力和知名品牌，缺乏对下一代产品架构的研发设计能力，并不具备整合全球创新资源的架构创新能力，大多处在全球产业链低端，难以形成高端要素的新比较优势，实现真正的转型升级并提升自己在全球价值链中的地位。

研究中国产业迈向全球价值链中高端，需要关注全球开放式协同创新背景下的时代特征与中国情景的特殊性。随着技术研发创新的碎片化、专利丛林的日益复杂化，全球化多主体的协同创新是中国企业面临的时代特征。中

① 悲惨增长是指当一国偏向出口的生产要素的增长而使产品出口增加时，不但没有带来该国的出口收入和福利水平提高，反而使其降低。借鉴这个概念，企业的悲惨增长主要是指企业利润并没有随企业规模的扩大而实现同幅度的增长，甚至可能出现利润负增长的悲惨情况。

国情景的独特性已经成为国际上研究中国问题的一个核心概念和理论前沿（魏江等，2014；吴东和吴晓波，2013；蔡莉和单标安，2013；陈晓玲 2013）。中国情景的特殊性主要表现在：(1) 技术情景的多层次性——中国的技术水平梯度差异大，既有传统产业中的落后技术，也有与国际前沿处于同等水平的石墨烯、生物基因等高端基础研究，工业 1.0、工业 2.0、工业 3.0 和工业 4.0 同时并存。(2) 市场情景的多层次性——低端市场、高端市场共存。(3) 制度情景的复杂性——所有制结构对中国产业攀登技术制高点具有很大的影响，以上海为代表的“高技术不高”和所有制结构倒挂问题值得深入研究（朱瑞博，2010，2014）。

（二）研究意义

如何提升中国企业的自主创新能力，迈向全球价值链中高端，攀登产业技术制高点，成为中国学术界和产业界迫切需要解决的现实课题。时至今日，中国企业仍然没有成为真正的自主创新主体，薄弱的架构创新能力与经济转型升级的内在要求相距甚远。笔者参与的前期研究成果指出，架构创新实现对原有产品架构的颠覆与超越，是优化企业生态位的有效方式，是产业格局重构的根本动力（朱瑞博、刘志阳和刘芸，2011）。企业架构创新能力直接关系到创新驱动战略的成败，如何提升本土企业的架构创新能力，成为中国当前迫切需要解决的重大现实课题。为了回答这个问题，我们需要着重研究本土企业架构创新能力是如何逐步积累、实现创新能力提升的。

新常态背景下，中国需要竭力避免由世界工厂转变为被跨国公司再次支配的、廉价的研究与开发机器。进入 21 世纪以来，跨国公司积极推行研发全球化，在全球范围内配置、整合各种创新资源，在一定程度上导致了发展中国家自主技术的边缘化、品牌的边缘化和市场的边缘化，对跨国公司核心技术和技术路线依赖性进一步加强，这对本已处于劣势的中国企业迈向全球价值链中高端构成了巨大挑战。在这个背景下，如何积极培育本土企业的架构创新能力，如何推动本土的领军型企业整合全球创新资源，攀登全球产业的技术制高点并转化成为产业系统的竞争力，是当前中国企业界、学术界和政府部门迫切需要破解的战略课题。

1. 本研究的学术价值

在架构创新能力这个核心概念的基础上，本研究深刻把握中国产业低端锁定的现实背景和新科技革命的发展趋势，探究本土企业架构创新能力的特征模型及其构成要素，采取多案例研究和纵向案例的历程分析法(Longitudinal Field Research)，深入分析中国本土企业架构创新能力提升路径及其攀登产业技术制高点的一般规律，探求本土市场、企业架构创新能力提升、全球价值网络扩展及攀登全球产业价值链技术制高点的内在机理。本研究基于产业发展不同阶段面临的机会窗口和产业健康发展的内在要求，着眼于攀登全球产业技术制高点，围绕创新链、产业链和价值链的互动规律，探求产业发展不同阶段的关键成功要素，提出提升本土企业架构创新能力进而攀登全球产业技术制高点的战略重点和政策建议。本研究具有一定的本土原创性，通过对企业架构创新能力的测度和实证研究，探讨了成熟产业和新兴产业两类产业的全球价值链地位提升机制，不仅有利于完善和丰富自主创新理论，也有利于增进全球价值链和产业转型升级理论的研究。

2. 本研究的应用价值

近年来，全球范围内的新一轮科技革命和产业变革正在蓬勃发展。在这种新的历史背景下，本研究基于中国本土企业架构创新能力内涵界定，架构创新能力发展演变规律研究，根据主导设计和产业标准是否确立，把产业划分为成熟产业和新兴产业两大类，并分别构建成熟产业"利基市场—架构创新—新产业标准"的攀登机制和新兴产业"领先市场—架构创新—产业标准"的攀登机制，提出适合中国国情的本土企业架构创新能力培育政策。本研究将为中国企业提升全球价值链地位提供一定的理论分析框架与实践指南，对于提升产业系统的运行效率，从而取得国际竞争优势，抢占产业技术制高点，实现产业的跨越式发展和建设创新型国家战略具有非常重要的应用价值。

二、研究的技术路线与方法

(一) 技术路线

本研究在架构创新能力这个核心概念的基础上，深刻把握中国产业低端锁定的现实背景和全球科技发展新趋势，甄别判断技术制高点的内涵及攀登技术制高点的中国情景(子研究一)，探究企业架构创新能力的成长机制与构成要素(子研究二)。根据主导设计路线是否确立把产业划分为两种类型，子研究三以汽车产业为例，探讨主导技术路线确定的成熟产业的架构创新能力提升及其对迈向全球价值链中高端的作用机制。子研究四则探讨主导技术路线尚未确定的新兴产业的架构创新能力成长、全球价值链网络扩展与攀登全球价值链制高点的微观机理。子研究五归纳演绎产业发展不同阶段攀登全球技术制高点的内在要求与战略重点，着眼于企业架构创新能力提升，提出推动中国产业迈向全球价值链中高端的政策建议。

本研究的技术路线见图 1－1。

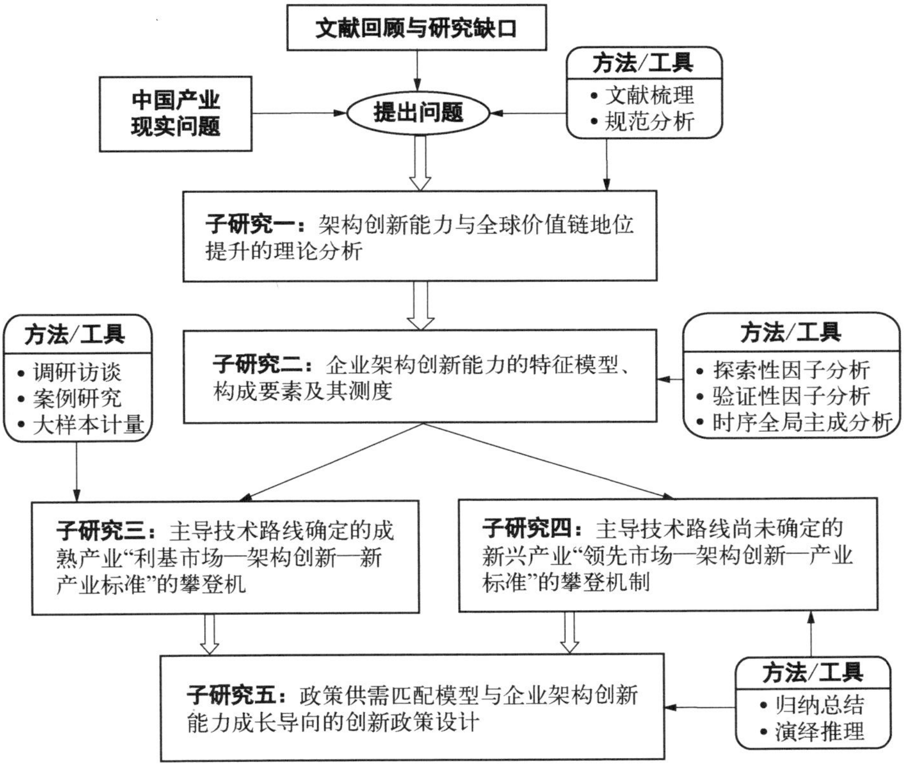

图 1－1　本研究的逻辑结构与技术路线及研究方法

(二) 研究方法

本研究的核心是架构创新能力成长演化对中国产业迈向全球价值链中高端、攀登全球产业技术制高点的影响机制，核心内容主要分为五个方面进行研究。由于各个子研究关注的焦点不同，因此所选择的研究方法也各有侧重(见图 1－1)。遵循定性与定量相结合、实证研究与理论推导相结合、动态分析与静态分析相结合的原则，本研究主要采用文献研究、案例分析、统计分析、计量经济学等多种研究方法，利用演绎和归纳提炼产业发展不同阶段迈向全球价值链中高端、攀登全球技术制高点的内在要求与战略重点，并提出有针对性的政策建议。根据各子研究核心主题的不同，选择了不同的研究方法。除了文献梳理、归纳演绎等理论研究之外，本研究采用的主要方法包括纵向案例研究方法、大样本数理统计分析和计量经济学方法。

1. 纵向案例研究方法

本研究的主要目的是探讨如何通过架构创新能力提升自身的创新绩效和竞争优势，进而推动中国产业攀升技术制高点迈向全球价值链中高端。国内外目前对此尚缺乏深入的研究，对企业架构创新能力的内涵及构成要素还没有形成一致的结论。为了深入研究这个问题，子研究二主要采用了探索性案例研究方法。探索性案例研究法就是通过对案例的充分调研，梳理和深入分析采集到的数据和相关信息，解析出其中蕴含的概念和机理，进而提出新理论。本研究对每个案例都采取了纵向案例的历程分析法，通过对振华重工、比亚迪等企业创新实践的回顾，将事件有条理的分析归纳，然后整理出其架构创新能力演进的轨迹，进而找出影响架构创新能力的关键要素。

2. 大样本数理统计分析和计量经济学方法

统计分析方法主要基于一定的理论假设通过大样本调查对理论进行检验。子研究二与子研究三采用了计量统计分析方法。子研究二主要采用探索性因子分析与全局时序的主成分分析等统计方法进行企业架构创新能力量表开发和测度。子研究三在探索性案例研究基础上，以 72 家汽车产业上市公司为例，对企业架构创新能力成长与全球价值链地位提升及其对企业创新绩效之间的关系实证检验，主要采用面板数据模型来验证企业架构创新能力对全球价值链地位提升的效应，进而在统计上检验理论命题和假设的合理性。

三、研究的框架设计、主要内容与创新点

（一）研究的逻辑结构与框架设计

本研究着眼于产业核心关键技术的突破创新和全球产业标准话语权的形成，立足中国产业发展的技术低端锁定、制造低端锁定和价值低端锁定的现实背景，深刻把握新科技革命的发展趋势和迈向全球价值链中高端，抢占产业技术制高点的中国情景，尝试对产业关键核心技术突破及形成全球技术标准话语权的路径进行梳理和研究，以期揭示本土市场、企业架构创新能力成长、全球价值网络扩展与攀登全球产业技术制高点的内在微观机理和深层次理论问

题，探索传统产业如何嫁接新兴技术走出自己的主导技术轨道，新兴产业如何通过领先市场的培育构建自主的全球价值链，为突破中国产业低端锁定的技术瓶颈、提升全球价值链地位做一些探索性研究。

针对中国产业发展低端锁定问题的阐述与分析，在对理论文献回顾的基础上，本研究首先找出理论缺口。之后，本研究基于架构创新能力的提升，深入探究本土市场、企业架构创新能力的动态演进、网络空间扩展与攀登全球产业技术制高点的内在微观机理。本研究的核心内容主要分为五个方面（见图1－1）。

第一，架构创新能力与全球价值链地位提升的理论分析。在剖析产业发展不同阶段创新链和价值链互动规律的基础上，理清架构创新、架构创新能力和全球价值链地位提升的内在机制。

第二，企业架构创新能力的特征模型、构成要素及其测度。主要以开放式创新与新科技革命发展趋势下的产业转型升级为背景，着眼于本土企业架构创新能力提升、迈向全球价值链中高端和攀登产业技术制高点，分析企业架构创新能力的特征模型及其构成要素，为后续研究（子研究三和子研究四）提供基础。

第三，成熟产业“利基市场—架构创新—新产业标准”的攀登机制。采用探索性纵向案例研究方法，探索主导技术路线已经确定产业的攀登机制，从动态的视角探究企业架构创新能力形成与演进的内在机理，以新能源汽车产业为例总结本土企业架构创新能力提升和跨越式赶超的基本规律。

第四，新兴产业“领先市场—架构创新—产业标准”的攀登机制。在主导设计尚未确立的新兴产业领域，如中国具有本土原创优势的石墨烯等产业，给发展中大国自主建构全球价值网络提供了难得的机会窗口。满足区域性领先市场需求的架构创新是中国自主建构全球价值生态网络、攀登全球产业技术制高点的逻辑起点，本土企业的架构创新能力是参与全球主导设计竞争的核心，成为全球主导设计是攀登新兴产业技术制高点的终极目标和归宿。子研究四将深刻剖析领先市场、架构创新能力成长、市场空间与生态网络体系共生扩展及攀登技术制高点的演进机制。

第五，企业架构创新能力成长导向的创新政策设计。总结前面研究架构创新能力演进的一般规律，围绕着架构创新能力演进的路径，设计架构创新能力提升导向的产业环境培育和创新政策体系。

（二）研究内容

第一章：导论。主要介绍了选题的背景、研究的意义、研究的技术路线和方法以及研究的框架设计。

第二章：文献综述。主要从创新能力与创新驱动理论、架构创新理论、价值链与产业升级理论三个方面进行了文献综述。

第三章：架构创新能力与全球价值链地位提升的理论分析。在剖析产业发展不同阶段创新链和价值链互动规律的基础上，探索架构创新、架构创新能力和全球价值链地位提升的内在机制。

第四章：企业架构创新能力的构成要素及其测度。主要以振华重工为探索性案例来提炼形成企业架构创新能力的构成要素和主要特征，探究企业架构创新能力的形成机制，并以汽车产业上市公司为例度量企业架构创新能力的大小。

第五章：成熟产业架构创新能力与全球价值链地位提升的实证分析及其攀登机制。在对全球价值链地位进行测度的基础上，提出了架构创新能力对全球价值链地位提升的三个假设。通过面板数据模型实证检验三个假设后，运用“能力、时间、空间”三维立体式分析框架对比亚迪的架构创新历程和能力提升进行了分析，总结归纳梳理了成熟产业“利基市场—架构创新—新产业标准”的攀登机制。

第六章：新兴产业“领先市场—架构创新—产业标准”的攀登机制。满足区域性低端市场需求的架构创新是中国自主建构新兴产业全球价值网络的逻辑起点，本土企业的架构创新是参与全球主导设计竞争的核心，掌握全球主导设计和产业标准是新兴产业全球价值链构建的终极目标。基于国内需求大力培育领先市场是新兴产业攀登全球价值链制高点的重要途径，是本土核心技术成为全球主导设计的关键。

第七章：企业架构创新能力成长导向的创新政策设计。本章指出在产业发展的不同阶段，创新主体和企业发挥的作用是不同的，创新链、产业链和价值链具有不同的特征，具有不同的内在要求。深入研究和把握新兴产业演进发展的一般规律，进而抓住企业自主创新面临的不同机会窗口，围绕创新链、产业链和价值链的互动规律，制定不同阶段的政策重点是提升中国产业全球价值链地位的关键。本章在剖析产业发展不同阶段创新链与价值链互动的内在要求的基础上，借鉴国内外推进产业转型升级的供给面、需求面、环境面的政策经验，着眼于企业架构创新能力提升，从产业发展的不同阶段提出了迈向全球价值链中高端、抢占产业技术制高点的政策建议。

第八章是主要结论与研究存在的局限性及未来研究展望。

（三）主要创新点

本研究的创新点主要体现在三个方面：

第一，系统性地对架构创新能力的本质内涵、构成要素进行了剖析，并以汽车产业上市公司为例测度了企业架构创新能力的大小。

本研究着眼于从自主创新的能力基础视角，对如何实现企业架构创新、攀登全球产业的技术制高点和跨越式赶超问题进行分析，对企业架构创新的形成过程进行案例研究，结合文献研究对企业架构创新能力的内涵进行理论界定，认为对架构创新能力的研究既要考虑其组成要素又要考虑创新的过程。架构创新能力由市场感知能力、新技术感知能力、探索与利用的双元性能力、产品架构设计能力、网络规划与构建能力、网络治理能力六个要素构成，以72家汽车产业上市公司为例评估了架构创新能力的大小。

第二，探索"本土市场—架构创新—产业标准"的全球价值链地位提升与攀登全球产业技术制高点演进机制，深入探讨本土企业架构创新能力成长与全球价值网络扩展的内在机理。不同于嵌入全球价值链的产业升级路径，本研究构建的攀登机制更契合中国情景的独特性和面临的时代特征。

本土市场是中国产业攀登技术制高点的逻辑起点和战略基石，架构创新是充分利用全球高级生产要素的重要工具，产业标准是攀登技术制高点的核心标志，本研究逻辑一致地构建了成熟产业（子研究三：第四章和第五章）和新兴产业（子研究四：第六章）基于本土市场进行架构创新进而掌握全球产业标准、攀登技术制高点的分析框架，认为架构创新能力本质上是一种自主产品开发的技术能力。

第三，构建本土企业基于架构创新攀登产业技术制高点的"能力、时间、空间"三维立体式分析框架。

为了深入分析企业架构创新能力构成的六个维度相互影响相互作用的演进机制，本研究构建了由能力维、时间维和空间维构成的立体式分析框架（见图1-2），并通过探索性案例来研究架构创新能力成长的规律及其对迈向全球价值链中高端、攀登产业技术制高点的影响机制。

能力维：主要研究企业在已经拥有的现有能力及改进能力（利用式创新）和获取外部知识、技术及吸收能力（探索式创新）的基础上，分析和探讨企业市

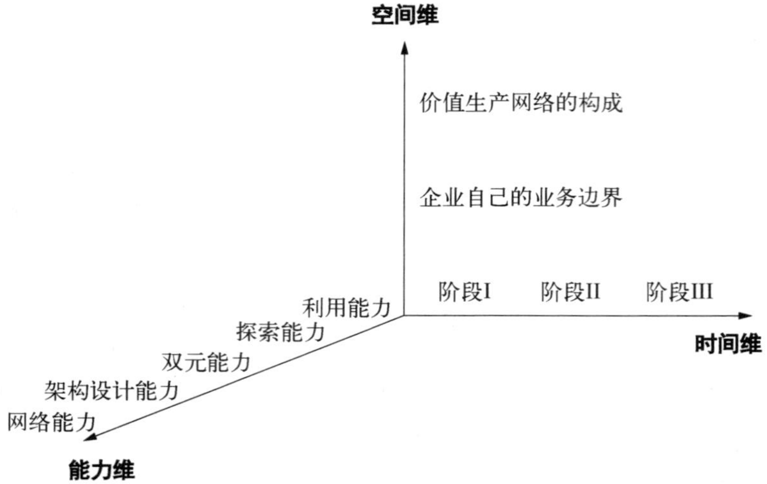

图 1-2 本研究探索性案例研究的立体式分析框架

场感知能力、新技术感知能力、探索与利用的双元性能力、产品架构设计能力、网络规划与构建能力、网络治理能力的特征以及它们之间静态的相互协同关系。

时间维：主要研究企业架构创新能力的六个维度随时间推移而展现的成长规律以及它们之间动态的相互协同规律。劳斯比(Loasby，2001)指出，时间因素在系统演化过程中成为不可忽视的因素，企业架构创新能力的成长具有一定的路径依赖和历史沿袭，架构创新能力的演化方向受到上一期演化轨迹的影响。

空间维：主要研究企业的架构创新能力如何在空间上决定企业的业务边界和社会分工，如何进行企业价值链重组、生态网络整合和市场拓展。技术是影响环境变化的关键力量，环境中影响企业资源获取能力的关键要素是技术的变革(Tushman and Smith，2002)。架构创新正是从改变组件和零部件连接方式的技术创新着手，借此重新审视自己在产业生态系统中的位置(朱瑞博、刘志阳和刘芸，2011)，采取扬长避短、充分利用外部资源的新水桶原理，以自己为核心构建价值生产网络，因而可以占据有利的产业生态位，并借机厚植自身的竞争优势。构建价值生产网络是指核心企业通过界定自己的业务范围与参与程度，也就是说决定谁来创造价值(哪些环节是自己做，哪些环节需要采取外包或代工服务)，决定谁来治理网络以及如何分配价值。因而架构创新能力在空间上深刻地影响着产业价值链的布局。

第二章　文献综述

本研究涉及的理论基础主要包括企业创新能力和创新驱动理论、架构创新理论和价值链与产业转型升级理论。

一、企业创新能力与创新驱动理论

（一）企业创新能力理论

对于企业创新能力概念和内涵的研究可以追踪到20世纪30年代熊彼特对技术创新的研究。熊彼特并没有明确提出创新能力的概念，但是从其对企业创新的定义，即把一种从来没有过的关于生产要素的“新组合”引入生产体系（Schumpeter，1934），我们可以推导出创新能力是一种组合能力。从20世纪80年代开始国内外学者开始大量研究企业创新能力问题。达尔曼和韦斯特法尔（Dahlman and Westphal，1982）认为，创新能力是企业产生新产品、新工艺以及改善现有产品与工艺的能力。拉尔（Lall，1992）认为创新能力是企业所需的有效吸收、掌控（master）、提高现有技术从而创造新技术的技能和知识。国内外学者对创新能力本质的研究脉络基本上可以划分为两类：一类是从技术创新过程的视角进行研究，即主要从创新的资源投入、过程实施与实现、创新管理的视角来研究创新能力。如杜塔等（Dutta，2005）将创新能力界定为创造思想、使用思想以及思想商业化等能力。国内也有很多学者从这个角度进行了研究，如胡恩华（2001）、官建成和史晓敏（2004）、李向波和李叔涛（2007）、曹庆奎等（2006）、吕一博和苏敬勤（2011）等。另外一类主要是从创新内容的构成来研究创新能力。如巴顿（Barton，1992）认为，创新能力是由掌握专业知识的人、技术系统、管理系统以及企业价值观等要素构成。福斯曼（Forsman，2011）指出，企业创新能力和资源一起决定着企业的创新绩效，其中资源是企业创新绩效的显性决定因素，而企业创新能力则是隐性决定因素。本和丹尼（Benn and Danny，2001）认为，组织程序中的创新能力具有整合关键能力及企业资源的能力，以成功促进创新。

陈力田、赵晓庆和魏致善(2012)对近30年来SSCI检索的有关企业创新能力内涵和构成的文献进行系统回顾和梳理，构建了一个多维的企业创新能力框架，研究各种创新观点之间的联系，明晰了企业创新能力的内涵、构成、演变及其情境性。他们认为，创新过程是以职能为单位的交互动态体系，从创新系统的结构角度，秉承亨德森和克拉克(Henderson and Clark, 1990)的研究结论，把创新能力分为要素能力和架构能力。前者是指在创新过程中，各职能部门所需形成的惯例；后者比前者高一级，是在创新活动体系中协调各职能要素关系的能力(陈力田、赵晓庆和魏致善，2012)。

近年来，国内外学者开始重点关注企业创新能力的培育和演进问题，试图打开创新管理理论研究中的这个黑箱。郭立新和陈传明(2010)从知识和资源网络的分析视角，提出了一个理论框架和仿真模型，对企业技术创新能力系统演进的驱动因素进行了研究。江诗松(2012)从所有权的视角探讨了转型经济背景下后发企业创新能力的追赶路径。陈力田(2012)基于适应性演化和协同视角研究了企业技术创新能力演进的规律。张军(2012)分析了知识积累与创新能力演化之间的关系。任宗强(2012)基于创新网络协同的视角研究了企业创新能力提升的机制与规律。姜卫韬(2012)从企业家社会资本的视角研究了中小企业自主创新能力提升的策略。许庆瑞等(2012)针对战略柔性对产品创新能力作用机理不明的问题，以浙江省541家企业为研究对象，实证检验了战略可调性在内外组织情境(环境动态性、组织可调性)的调节下对产品创新能力的作用机制。许庆瑞等(2013)以海尔集团为例探讨了转型经济中企业自主创新能力演化路径及驱动因素。

(二) 创新驱动理论

1. 国外研究综述

最早明确提出创新驱动(Innovation Driven)概念的学者是哈佛大学商学研究院著名教授迈克尔·波特。在其代表作《国家竞争力》(1990)中，波特把国家经济发展分为四个阶段：生产要素驱动阶段、投资驱动阶段、创新驱动阶段、财富驱动阶段。基于创新驱动的转型发展是指发展动力从劳动力(生产要素)驱动、资本(投资)驱动转向创新驱动，如技术创新、文化创新、模式创新、制度创新等方面的驱动。创新驱动的观点主要有：一国经济发展的源泉是技术创新而非资本积累，基础研究和技术创新是创新驱动的源头，国家创新体系是创新驱动的重要手段。在西方经济理论界先后出现了技术推动模型、市场需求拉动模型、技术创新动力二元论模型、技术创新三元论模型、技术创新四元论模型与国家创新体系等技术创新驱动理论。弗尔曼等(Furman, 2002)指出国家创新能力主要取决于创新组织机构、创新基础设施、产业集群的创新环境,以及科技与产业部门联系的质量。

国外的学者非常关注企业家精神对创新驱动的影响。熊彼特在其1912年出版的《经济发展理论》中指出,追求利润最大化的企业家通过创新实现产业结构的调整。阿罗认为,企业家精神促进经济增长是通过知识溢出进行的。奥德斯和萨克(Audretsch and Thurik, 2000)在罗默(Romer, 1986)内生增长理论的基础上,提出企业家精神通过知识的扩散推动经济增长的机制,构建"最优产业结构"模型定量研究企业家精神对经济增长的影响,结果发现企业家精神在经济活动中存在一个最优的程度,超出这个程度,企业家精神会抑制经济增长(何予平,2006)。奥德斯和萨克(Audretsch and Thurik, 2001)从国家角度探讨了企业家精神对经济增长的作用。

受生物学上DNA三螺旋模式的启发,埃兹克维茨(Etzkowitz, 1995)、雷德斯道夫(Leydesdoff, 2003)提出了创新的三螺旋模型,用来分析大学、产业、政府之间的动力学机制。他们认为,以知识为基础的大学、产业和政府之间的相互作用是改善创新活动的关键,三者之间互相作用,才能推动创新螺旋式上升。方卫华(2003)认为三螺旋理论是超越国家创新系统理论的新范式。三螺旋理论一经提出便在美国、日本等发达国家受到重视,并在各类研究中心、孵化器和科技园的规划与实践中彰显出了强劲的生命力(胡曙虹、黄丽和杜德斌,2016)。

2. 国内研究现状

创新驱动已成为中国当前及未来发展的主旋律。近年来中国学者对创新驱动和建设科技创新强国的研究可以划分为七类:

一是对企业创新驱动的研究。信凤芹和徐伟(2011)探讨了企业家能动性的适应、革新和创造性破坏三种活动,以及对后发经济国家的经济创新活动的驱动机制。他们认为,对于后发经济国家的企业家来说,能动适应性是其最关键的能力。汪建、赵驰和周勤(2012)从创新驱动的视角对企业成长理论的前沿研究进行梳理,发现相关文献突出了创新驱动在企业成长进程中的主导作用,研究逐渐自外向内深入到企业内部,并通过创新要素间的交互关系及对创新行为的管理这两条主线向前沿演进,形成了全新的研究视角及分析范式,为描述企业的成长动因提供了更为合理的理论解释。申俊龙等(2011)从企业微观主体出发研究了企业非市场行为对提升企业竞争环境和竞争优势的重要性。杨燕和高山行(2011)运用270家企业的调研数据实证分析发现,创新的外部驱动通过内部驱动的完全中介作用影响创新自主性,内部驱动再通过创新自主性的完全中介对创新绩效产生正向影响。环境动态性对创新外部驱动和创新自主性的关系具有正向调节作用,但是对内部驱动和创新自主性之间的关系没有显著调节作用。冒乔玲和许敏(2012)对技术创新驱动企业成长的绩效进行了实证分析,发现技术创新与公司的市场成长速度、成长效率正相关,与公司利润增长速度无关。

二是关于企业家精神对中国经济增长和创新驱动发展关系的研究。何予平(2006)将柯布道格拉斯生产函数作为基本的宏观经济模型,经过变形加入体现企业家精神的变量,研究表明企业家精神对中国经济增长的贡献显著。杨宇和郑垂勇(2008)定量研究了中国东部、中部及西部的企业家精神与经济增长的关联性。尹宗成和李向军(2012)定量研究了中国金融发展规模、企业家精神与经济增长之间的关系,结果表明企业家精神对经济增长具有显著的促进作用,但企业家创新精神的经济增长效应远远低于企业家创业精神的经济增长效应。唐国华(2014)从企业家产品创新的视角实证研究了中国经济增长的内生性,研究表明经济增长与企业家人数、企业家研发的生产力系数、中间产品的数量、中间产品的产出弹性等呈正向变动的关系。毛良虎等(2016)建立了以企业家精神为主导的组织学习、组织创新以及企业绩效之间相互关系为因素的结构方程模型(SEM)。李巍和丁超(2016)从创新精神和冒险精神两方面解构企业家精神,并在区分效率型与新颖型两类商业模式创新基础上,研究了企业家精神、商业模式创新与经营绩效的内在联系。

三是对创新驱动与区域经济发展、经济发展方式转变关系的研究。洪银兴(2011)指出,说创新驱动并非不需要要素和投资,但要素和投资由创新来带动。洪银兴(2013)指出创新驱动需要注重协同创新,最为重要的是知识创新和技术创新的协同。赵峥(2013)指出创新驱动城市科学发展是一项具有长期性、战略性和全局性的系统工程,需要形成能够支撑城市科学发展的科技创新生态系统。齐建国和梁晶晶(2013)指出,创新驱动发展不仅涉及增长质量和效率的改进,还涉及公众社会福利的提高。新技术的研究开发和推广虽然首先给企业带来超额利润,但随着新技术变为普适生产手段,企业的超额利润消失,其经济效用最终全面体现为消费者剩余,形成消费者社会福利,表现为消费者获得同样经济效用的成本降低。此外，李习保（2007），张秀武和胡日东（2008），方健雯、朱学新和张斌（2008），王高升和王欣（2008），钟坚（2009），谢科范（2009），夏天（2009），张来武（2011），刘志彪（2011），屠启宇和邓智团（2011），吴宇军、胡树华和代晓晶（2011），万钢（2013），卫兴华（2013）等都从不同的角度对这个问题进行了研究。

四是研究中国创新驱动面临的主要障碍。如梁运文和劳可夫（2010）认为，在产业全球网络分割下，中国国家钻石体系的“创新驱动力”面临发达国家政府、国际大购买商和跨国生产型公司“三重围堵”而断裂的困境。黄宁燕和王培德（2013）指出，科技创新文化是影响中国创新活力主要因素。李洪文（2013）认为，中国创新驱动发展面临的主要问题有：口号与行动相分离，传统发展方式由于思维与制度固化、利益驱动等因素难以转变，市场资源配置机制不完善阻碍技术创新，科技创新机制体制不完善等。

五是研究政府推动创新驱动的体制机制创新。如朱启贵（2011）指出，体制机制创新是中国科技创新的关键，推动体制机制创新要从健全人才制度、完善知识产权制度、构建技术创新体系、创新金融财政制度、加强政府创新等方面入手。张来武（2013）认为，实施创新驱动发展战略的关键是深化改革，要创新改革的形式，更多地依靠诱导性制度变迁来推进改革。黄宁燕和王培德（2013）则认为，实施创新驱动发展战略的关键是培育适宜的科技创新文化，要着力改变顶层制度设计，大力培养有利于科技创新的文化。胡婷婷和文道贵（2013）比较了美国、日本、英国等创新驱动的模式，总结了这些国家的发展路径与特征，为中国的创新发展提供了一些实际的指导。葛秋萍和李梅（2013）认为，中国创新驱动型产业升级政策的着力点在于综合运用各种政策工具来加强产业共性技术研究。优化科技中介组织，促进科技型中小企业和生产性服务业发展，应是未来中国鼓励创新驱动产业升级政策的引导方向。张蕾（2013）认为，要积极培育有利于创新的文化氛围，加大教育投入和改革力度，使企业成为创新的主体，加强产学研协同创新机制建设。

六是研究区域协同创新。毛汉英（2017）强调京津冀协同发展必须正确处理好公平与效率的关系、人与自然的关系。方创琳（2017）指出，京津冀城市群的协同发展过程是一个博弈、协同、突变、再博弈、再协同、再突变的非线性螺旋式上升过程，每一次博弈—协同—突变过程，都将城市群的协同发展推向更高级协同阶段，并呈现出阶段性规律。孙瑜康和李国平（2017）认为，协同创新是京津冀协同发展的核心议题之一。他们构建了协同创新指数，对京津冀协同创新水平进行测度评价。

七是关于建设世界科技创新强国的经验分析和建设路径的研究。王昌林等(2015)通过分析英国、德国、美国、日本等国家的历史经验表明,科技创新是大国崛起的基石,从引进模仿到自主创新是一个国家科技创新能力建设必经的过程和捷径,激励创新的制度和文化是大国科技创新崛起的根本保证,抓住世界科技革命和产业革命的历史机遇是新兴大国崛起的成功之道,各个国家要根据国情、发展阶段选择适合自身的科技创新模式。胡鞍钢、刘生龙和任皓(2017)指出,建设世界科技创新强国是中国社会主义现代化建设的重要组成部分,从经济强国、制造强国与科技强国三者的相互关系出发,提出"三位一体"的强国方略集,认为只有经济、产业、科技三大体系融为一体,才能形成相互需求、相互借力、相互支撑、相互带动的良性循环,并在此基础上提出世界科技创新强国建设的三个阶段。穆荣平、樊永刚和文皓(2017)梳理了世界主要科技强国的历史演进,从经济发展、社会进步、人才集聚、科技革命机遇等方面分析提出建设科技强国存在多种可能路径。他们的文章从科技发展、创新转型、科技革命机遇等方面对中国建设世界强国的基础、问题和形势进行了分析,作出中国正处于迈向世界科技强国战略机遇期的判断。在分析 2030 年和 2050 年两个关键时间节点发展愿景的基础上,他们的文章提出中国加快推进科技强国建设的总体思路与举措建议。

二、架构创新理论回顾

近年来,国际学者对架构创新理论的研究日趋重视。《欧洲管理评论》(*European Management Review*)2009 年推出了关于产业架构的研究专辑,国际顶级权威期刊《战略管理杂志》(*Strategic Management Journal*)2012 年推出了《组织架构的战略与设计》的研究专辑。国内外学者对架构创新的研究主要集中在产品架构、组织架构和产业架构三个层面。

(一) 对产品架构的研究

产品架构是对产品的物理构成要素之上的功能描绘,它决定了产品的组件和子系统的构成和互动方式。亨德森和克拉克(Henderson and Clark,1990)指出,产品架构是促使系统内各单元能够灵活顺畅和相互协调的设计构想。乌尔里赫(Ulrich,1995)进一步明确了产品架构的内涵,认为产品架构是描述构成要素间相互关系形态的技术系统，这个系统包括产品各功能组件的物理分布和功能安排，以及这些组件之间的界面规则。藤本隆宏（2007）也认为产品架构是关于“如何将产品分割成零部件和工序，并将产品的功能分配到这些零部件中，然后设计和改进由此带来的零部件之间和工序之间的接口”的产品设计思想。

产品架构设计对企业的发展和绩效有着深刻的影响。蔡尔德等（Child et al.，1991）认为，80％的成本、50％的时间和80％的营运复杂度都受到产品和流程设计的影响，产品和流程设计与产品架构密切相关。乌尔里赫和埃平格（Ulrich and Eppinger，1995）的研究表明，产品架构对企业的产品绩效、产品改变、产品种类、组件标准化、制造能力和产品开发管理等都有深远的影响。

（二）对产品架构和组织架构互动关系的研究

关于产品架构和组织架构的相互关系，近年来的研究一直存在很大的争议。争议的焦点主要在于产品架构是否塑造着组织间关系，是否影响和决定着产业内企业的边界范围和垂直契约结构。一些研究认为，模块化产品架构是企业间高强度整合的替代机制，是事先确定的外生变量，产品架构在很大程度上决定着企业的组织架构和组织边界。亨德森和克拉克（Henderson and Clark，1990）认为组织知识和信息处理结构一定反映了公司正在设计的产品架构。桑切斯和马奥尼（Sanchez and Mahoney，1996）指出产品结构和组织结构之间存在着某种对等性，如果进行模块化设计和模块化生产，就容易使组织形态发生变化，这样产品的模块化设计将导致组织的模块化设计。一旦组织模块化后，原来的科层制就可能被松散耦合的组织所取代，这种松散耦合的组织形态将成为一种新变种（Schilling and Steensma，2001）。因此，当产品和设计程序改变时，企业的任务网络也会发生改变，组织的交易边界也随之改变（Baldwin，2008）。切斯布洛和库苏诺基（Chesbrough and Kusunoki，2001）研究了产品架构和企业组织形态之间的匹配关系。由于产品架构是可变的，企业倾向于根据对前者变化方向的预期来设计组织架构。当产品架构与企业组织架构之间相匹配时，企业可以获得利润；当产品架构与企业组织架构之间不相匹配时，企业将陷入模块化陷阱（Modularization Trap）或集成型陷阱（Integration Trap）。宋磊（2008）在切斯布洛和库苏诺基（Chesbrough and Kusunoki，2001）研究的基础上，研究了中国版的模块化陷阱。知识和信息浓缩或包裹在模块内部是降低组织间协调和控制成本的主要原因（Langlois，

2003；Baldwin，2008）。组织架构在一定程度上反映了产品架构的特性（Colfer，2007；MacCormack et al.，2008），模块化产品将最终导致模块化组织（Hoetker，2006），因此大量的专业化公司是产业的主要构成形式，计算机产业和自行车产业的实证研究都支撑了这个结论（Baldwin and Clark，1997，2000；Galvin and Morkel，2001）。

反对者则认为产品架构决定组织架构的论断是狭隘的技术决定主义，两者之间并没有简单的决定关系（Sako，2003；Frigant and Talbot，2005；Puranam and Jacobides，2006），而是相互影响、共同演进的。菲克松和帕克（Fixson and Park，2008）研究了20世纪80年代的日本自行车动力传动系统产业。禧玛诺（Shimano）公司在1985年创新了一体化的自行车动力传动系统，这个战略行动明显降低了其模块化程度，使得原本竞争性的产业结构演变成垄断，禧玛诺也一举成为世界自行车的霸主。这主要源于两方面的原因：一是一体化的设计使该系统的绩效明显提升并难以为其他部件生产企业所模仿；二是一体化的设计将原有模块间公开的界面信息私有化，降低了部件生产者的兼容性，从而将与其竞争的系统生产者和模块生产者排挤出市场。周勤和周绍东（2009）也指出，模块化的产品建构并不必然引起开放的产品价值链集成化的产品建构，也并不一定对应着封闭的企业关系。

（三）对产业架构的研究

雅各毕得斯等（Jacobides et al.，2006）提出了产业架构的概念。他们认为产业架构是指由共同专业化的主体和资产构成的结构，代表了生产流程、任务分配和交互作用的不同方式。产业架构一方面决定了产业参与者之间的价值创造和劳动分工，另一方面决定了价值占用（Value Appropriation）和收益分配，因此产业架构是公司进行创新网络治理和从创新中获利的重要决定因素。泽波利和卡穆福（Zirpoli and Camuffo，2009）认为产业架构是协调创新网络和决定市场主体共同演进的一种新的分析工具。产业中知识的分布是产品架构、组织架构和产业架构共同演进的关键决定因素（DiBiaggio and Nasiriyar，2009）。企业拥有的知识和能力决定着谁在产业中位居关键的位置（Tee and Gawer，2009），并控制着产业的瓶颈（Jacobides et al.，2006；Ferraro and Gurses，2009）。

架构创新是中国突破产业低端锁定，实现产业跨越式升级的有效途径。突破跨国公司对中国产业的低端锁定，实现产业转型升级是中国经济发展的必然选择，也是学界讨论的热点问题。吴义爽和蔡宁(2010)在研究产业集群跨越式升级时指出，产业升级路径有渐进式升级与跨越式升级两种模式，中国产业集群应放弃渐进式升级模式而采用高端直接嵌入全球价值链的跨越式升级模式。在此基础上，他们提出了依托龙头企业战略创业的“行动跳板”来搭建跨国混合网络的“结构跳板”的集群跨越式升级模式。代文彬、慕静和易训华(2012)提出了集群龙头企业通过全球价值链和国家价值链双链协同来促进集群跨越式升级的具体模式。主导技术轨道是后发企业超越先发企业难以逾越的最终壁垒(路风，2006；朱瑞博、刘志阳和刘芸，2011)。笔者参与撰写并发表在权威期刊《管理世界》上的前期成果(朱瑞博、刘志阳和刘芸，2011)通过对比亚迪、联发科、华为、振华重工创新实践的案例研究，指出架构创新为后发企业占据有利的生态位提供了难得的机会窗口，是企业生态位优化和实现跨越式赶超的有效方式。景晨阳(2017)以吉利公司为例探讨了架构创新对企业绩效的影响路径。

架构设计需要拥有一定的架构能力。产品开发要求具备元件知识和架构知识两种知识。其中元件知识是关于元件核心设计概念的知识，架构知识是指把各个元件整合并连接成为一个整体的知识。在亨德森和克拉克(Henderson and Clark，1990)创新分类研究的基础上，亨德森和科克伯恩(Henderson and Cockburn，1994)探讨了组件能力(Component Competence)与架构能力(Architectural Competence)的概念，并对生物医药产业研发中的组件能力和架构能力进行了实证分析。他们指出，组件能力是深入到组织内部的各式组织知识与技能，包括具有高级技术工程人员在精密制程中无法言传的设计及操作知识与能力等。组件能力常常为个别员工所拥有。架构能力是运用组件能力内容，加以整合创新，并开发出新的产品结构及组件能力，即有效整合组件能力并开发出自己所需要的要素及能力，包括了整合能力、内隐的与社会化的或共同的知识、结合能力等。架构创新能力可以使企业能够以灵活的方式，通过集成利用组件知识，发展新的组件知识和架构创新，因此是形成公司竞争优势的重要基础。卡恰托里和雅各毕得斯(Cacciatori and Jacobides，2005)探讨了既有能力(Pre-Existing Capabilities)在产业架构形成中的作用。泽波利和贝克(Zirpoli and Becker，2010)进一步研究了在既定产业架构的条件下影响企业能力积累的形式以及维持其在产业中领先地位所需的能力。

三、全球价值链研究回顾

价值链是由美国哈佛商学院著名战略学家迈克尔·波特教授1985年在其著作《竞争优势》(*Competitive Advantage*)中提出的。20世纪90年代中期之后,国际上对价值链的主流研究逐渐集中到对全球价值链的研究。格列夫等(Gereffi et al., 1994)在对美国零售业价值链研究的基础上,将价值链分析法与产业组织研究结合起来,提出了全球商品链分析法,并区分了购买者驱动型和生产者驱动型两类全球商品链。格列夫(Gereffi, 1999)以服装产业商品链为例研究了国际贸易和产业升级之间的关系。2001年,格列夫(Gereffi)、汉弗莱(Humphrey)和斯特金(Sturgeon)等17位学者在《发展研究院杂志》(*IDS Bulletin*)上推出了一期由13篇文章构成的全球价值链特刊《价值链的价值》(*The Value of Value Chains*)。这些学者从治理、演变和升级等角度对全球价值链进行了系统研究,建立起了全球价值链基本概念及其基本理论框架(任永菊,2012)。这份特刊在全球价值链研究中起到了里程碑式的作用。

汉弗莱等(Humphrey et al., 2000, 2003)从全球价值链的视角,将产业的升级分为流程升级、产品升级、功能升级、链条升级四种类型和市场式、网络式、准等级制、等级制四种全球价值链治理模式。欧内斯特(Ernst, 2001)则将产业升级方式划分为五种类型:产业间升级、要素间升级、需求升级、功能升级和链接上的升级。格里芬等(Gereffi et al., 2003)根据市场交易的复杂程度提出了市场式、模块式、关系式、俘获式和等级制五种治理模式的分类方法。

国际上关于产业升级的研究可以追溯到20世纪30年代。霍夫曼(Hoffmann, 1931)运用霍夫曼比例,对工业产业结构内部演变规律作了开拓性研究。1935年,费雪(Fisher)正式提出了三次产业分类的理论。在此基础上,克拉克(Clark, 1936)提出劳动力的转移来自产业间的收入差异,得出配第-克拉克定理。西蒙(Simon, 1955)对该定理进行了深化,指出随着GNP不断增长,产值结构和劳动力结构都有所变动。赤松(1960)的雁行产业发展形态说、弗农(Venon, 1966)的产品周期理论、赫希曼(Hirschman, 1958)的产业关联基准,贝尔(Bell, 1973)的后工业社会理论、钱纳里(Chenery, 1988)的发展模式理论都从不同的角度论述了产业转型升级对经济增长的促进作用。这些研究主要集中于产业转型升级与经济增长、要素流动之间的关系。

全球价值链深刻影响着产业转型升级的进程，是后发国家或地区产业升级的主要障碍(朱瑞博，2011)。胡国良(2005)也指出外向型制造业处于高科技跨国公司产业分工体系的末端，即“品牌商—关键技术零部件供应商—零部件分包商”链条的最后环节。徐康宁等(2008)认为，不同类型跨国公司或跨国公司价值链内部各增值环节的区位选择受多种因素的影响，反映了 FDI 聚集的特征。吴德进(2009)指出，由于产业网络被外资主导，从而使本地企业升级特别是功能升级和链条升级面临困境。张杰藐(2009)也在全球价值链背景下探讨了中国地方产业集群升级的困境。王敏和冯宗宪(2013)在南北贸易模型和 H－O 模型的理论框架中，建立了一个包含人力资本和非熟练劳动的中间产品模型，并考察了中间产品贸易的利润分配模式和技术进步效应。

基于全球价值链理论，国内外学者从多个角度探讨了产业转型升级的路径(朱瑞博，2011)。汉弗莱等(Humphrey et al.，2002)指出，在全球分工格局中，突破有进入障碍的节点，从而远离直接市场竞争压力，这些行为转变就是产业升级。这来自企业在国际分工中动态能力的变化(Teece et al.，1997)。盛世豪(2004)提出提升传统产业集群竞争力的思路；文娉等(2005)探讨了全球垂直整合制造(Integrated Device Manufacture，IDM)公司的治理行为对浦东集成电路地方产业网络升级的影响。薛光明等(2009)探讨了模仿性技术创新、原发性技术创新与产业升级之间的关系。孙鳌(2009)探讨了以研发联盟推动企业集群产业升级的途径。赵红岩(2010)研究了全球价值链下长三角嵌链式的升级模式。代文彬、慕静和易训华(2012)指出中国产业集群应走以跨越式升级为导向的升级模式。赵伟(2012)以历史比较为起点，借助空间经济学理论范式，从“泛”核心-外围、产业异质性与 FDI 异质性等视野切入，探讨了全球经济视野的中国产业转型升级的约束条件及现实基础。张国旺、张玉宁和战梦霞(2013)指出，全球价值链和国内价值链的动态交互使得价值链体系中存在较为复杂的竞合关系。面对全球价值链中的低端锁定，中国企业必须开始从嵌入全球价值链到重构国内价值链的升级模式转换，寻求新的突破来推动产业升级和发展。在国内价值链重构中，企业可以通过向上游延伸、双向延伸和向下游延伸三条路径向高附加值环节演进。刘城(2013)认为，培育本土跨国公司是中国打破由发达国家跨国公司控制的全球价值链体系格局，提升中国在国际分工体系中地位的重要途径。在发展成为跨国公司的同时，需要提高对全球价值链关键环节的掌控能力。

四、研究述评

总体来看,国内外学者对企业创新能力的研究取得了很大的成就,但现有的研究仍然在很多方面存在着不足和需要研究的空间:

第一,需要更深入地研究企业架构创新能力的内涵和构成。

什么是架构创新?朱瑞博、刘志阳和刘芸(2011)在跨案例研究的基础上,定性地指出架构创新能力是一种自主产品开发的技术能力,其本质要求企业深刻理解和把握构成产品的关键组件及其连接方式。架构创新要求企业对现有产品的规律性和存在的瓶颈有着极强的洞察力,需要企业具备更高级的、更宏大的系统设计和系统整合、协同集成的能力。从现有的研究文献来看,企业架构创新能力的具体内涵和构成依然十分模糊,并没有进行清晰的界定和规范,也没有取得比较普遍的认可,难以形成一个科学合理的分析框架,也难以提出可行的能力提升机制,从而阻碍了专门针对企业创新能力提升的一系列措施的制定和实施。在开放式创新和新科技革命背景下,中国本土企业架构创新能力的内涵应该更丰富,对这个问题的研究显得更具必要性与紧迫性。

第二,对外资制约中国本土企业架构创新能力提升的机理研究不够。

国内学者对外资影响中国本土企业创新能力和创新绩效进行了大量研究,但结论并不一致。一些研究表明外资研发通过显著促进中国本土企业技术创新资源投入,进而对提升中国本土企业创新绩效产生显著的间接正向影响(李武威,2013)。张振刚和胡琪玲(2012)的研究表明:外资研发的技术溢出对本地企业的创新能力产生显著的正向影响,但与本地企业的自主创新投入相比,其影响相对较小;较高的外资开放度和较大的技术差距都会对外资研发的技术溢出产生不利影响,外资研发的技术溢出是否存在主要取决于本地企业的吸收能力。路风和余永定(2012)的研究直接指出外资制约了本土企业能力的成长。

在相关的研究文献中,绝大部分都假设或隐含假设集群或创新网络内所有的公司都是同质的,把企业作为嵌入在网络一个节点(node)或主体(agent)(Lavie, 2004),重点研究网络结构和成员企业间的相互关系以及网络对厂商的经济行为和社会行为的影响。这种研究思路将单一的企业作为一个“封装”的个体,实际上割裂了企业与创新网络间的互生关系(方刚,2008)。企业在网络中的创新行为是一个值得深入探讨的黑箱。莫里那-莫拉里斯和费尔南多-

马丁内兹(Molina-Morales & Fernandez-Martinez，2004)运用净值创造方法(Net Value Creation Approach)研究了产业集群中公司差异性。帕鲁查理(Paruchuri，2010)指出，这是创新网络研究中存在的一个明显缺口(glaring gap)，即很少研究一个企业在网络中的生态位对其创新活动的影响。

全球化背景下，跨国公司通过与特定地理区位的战略互动过程，按照自己的战略意图要求，基于与原有的关键供应商、合作伙伴已形成的全球网络联系，塑造出的是一种具有隔绝机制的“战略集聚”(王益民、宋琰纹，2007)，从而阻碍了对后进地区的产业升级和技术进步。目前，虽然有少量文献对这些隔绝机制进行了分析，但还很不深入，也没有提出突破的对策。目前理论研究还缺乏对外资制约中国本土企业架构创新能力提升的机理研究，缺乏对全球高科技产业中网络权力链，特别是跨国公司和国际旗舰企业对本土企业所采取的架构创新的战略性阻断机制的研究。

第三，开放式创新和新科技革命背景下如何培育本土企业的架构创新能力，基于本土市场潜在需求(内需)形成高级比较优势，对于这方面的研究不足。

中国制造业被低端锁定的现实表明，严重依赖国际市场需求的出口导向并不能发展出真正的自主技术和自主品牌。歼20等军工技术发展、高铁等案例也说明，只有内需市场才能培养出自主可控的、高端的战略性新兴产业。但是如何在开放式创新和新科技革命背景下基于本土市场潜在需求优势，通过提升本土企业的架构创新能力，采取适宜的架构创新战略，构建自主可控的战略性新兴产业全球价值生产网络，形成可以充分吸收国外的高级生产要素(研发、品牌管理等)为我所用的内生机制？其构建的路径是什么？面临的挑战有哪些？这些都需要深入研究。

第三章　架构创新能力与全球价值链地位提升的理论分析

在产业发展的不同阶段，创新主体和企业发挥的作用是不同的，创新链、产业链和价值链具有不同的特征，具有不同的内在要求。深入研究和把握新兴产业演进发展的一般规律，进而抓住企业自主创新面临的不同机会窗口，围绕创新链、产业链和价值链的互动规律，制定不同阶段的政策重点是提升企业全球价值链地位的关键。全球价值链是国际分工深化和跨国公司全球布局重构后的必然产物。架构创新具有顶层设计的功能，相对于模块创新，产品的架构创新对企业的跨越式赶超及其在全球价值链地位提升中的作用更大。通过核心产品的架构创新形成产业发展平台，能够引领其他企业发展和转型升级，进而促进整个产业迈向全球价值链中高端。

一、技术创新、分工深化与全球价值链的形成

产业链描述的是企业之间或产业之间的分工协作关系，是由技术经济联系决定的相关生产、流通、消费等环节和组织载体构成的一个网络状结构。产业链是在技术创新特别是核心技术突破的基础上，产业链核心企业或龙头企业在追求自身长远利益最大化的过程中，通过有利于自己的分工协作而形成的迂回生产链条。价值链是由生产最终产品或服务所需要的各个价值增值活动所构成链条，关注的是产业链中的价值创造（Value Creation）和价值获取（Value Capture）活动。

技术创新决定着产业内和产品内分工的水平，分工深化是全球价值链形成的基础。20 世纪 90 年代以来，随着经济全球化的深入发展和信息技术的突飞猛进，全球性竞争日益激烈，为了维持并加强自身的竞争优势，来自发达国家的跨国公司纷纷基于价值链进行全球性布局，进而促使生产活动由一国内部或区域间的分工转变成全球范围内的国际分工。价值创造体系在全球出

现了前所未有的垂直分离和再构，国际分工逐渐呈现出典型的产品内分工(Intra-Product Specialization)特征，即产品生产过程包含的不同工序和区段，被拆散分布到不同国家进行，形成以工序、区段、环节为对象的新型国际分工体系(卢锋，2004；朱瑞博，2011；吕林、刘芸和朱瑞博，2015)，这就是全球价值链。产品内分工的实质是生产布局的区位选择，其既可在跨国公司内部实现，也可以通过市场在不同国家间的非关联企业间完成(戴彬彬，2011)。

二、产业发展不同阶段创新链与价值链互动规律研究

主导设计决定了新兴产业技术链的时空分布。随着主导设计的逐渐形成和产业生命周期的演进，产品的自主创新从整合式架构逐步演进到模块化设计，产业网络形态及产业组织模式也不断演化。新兴产业发展历程分为孕育、形成和快速发展三个阶段。在产业发展的不同阶段，创新主体和企业发挥的作用是不同的，创新链、产业链和价值链具有不同的特征，具有不同的内在要求。深入研究和把握产业发展不同阶段创新链与价值链互动的一般规律，进而抓住企业自主创新面临的不同机会窗口，围绕创新链、产业链和价值链的互动规律，制定不同阶段的政策重点，是提升企业全球价值链地位的关键。

(一) 产业发展的四个阶段

同任何一个生命体一样，产业发展也有其内在的生命周期，都要经历一个从孕育、诞生到成长，再到成熟和衰退的演变历程，因此一般分为初创、成长、成熟和衰退四个阶段。技术创新贯穿于产业生命周期的整个过程，在很大程度上决定着产业萌芽、孕育和形成发展。随着技术的成熟和扩散，技术创新还深刻影响着整个生命周期的运行轨迹。阿伯纳西和厄特巴克(Abernathy and Utterback, 1975, 1978)基于产品生命周期理论，通过对多个产业和创新案例的分析，发现了产品创新、工艺创新和产业组织结构之间的关系。他们把产品的创新过程划分为流动、过渡和专业化三个阶段。这三个阶段在时间上此起彼伏，前后相继，共同构成了产业的发展历程，即产业生命周期。

根据阿伯纳西和厄特巴克(Abernathy and Utterback, 1975, 1978)的研

究,本研究依据新兴技术的渗透程度和产业在经济系统中的主导性,把产业发展划分为孕育、形成、快速发展和成熟四个阶段(见图 3-1)。由于成熟阶段属于成熟产业,本研究重点探讨孕育、形成和快速发展三个阶段。

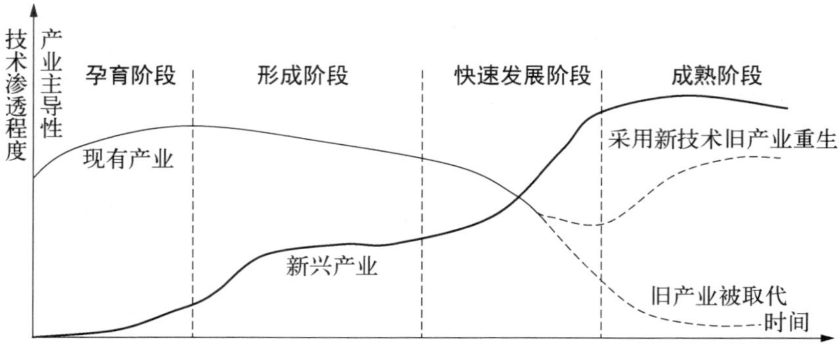

图 3-1 新兴产业发展的主要阶段

资料来源:根据相关研究绘制。

在产业发展的不同阶段,创新的方式和竞争的焦点各有侧重。在产业发展早期的孕育阶段,即流动阶段(Fluid Pattern),产品和市场的变化很大,不确定性很强。产品的技术创新处在满足市场需求的探索阶段,因此产品常常是粗糙、昂贵和不可靠的,新产品对于旧产品的竞争优势在于优越的性能,而非成本。在这个阶段,产品的性能尚未满足消费者的需求,产品的功能需要不断完善。市场上存在着多种由不同技术创新设计的产品,不同设计之间的竞争激烈而残酷。企业之间竞争的焦点在于提高产品性能的创新设计,不断通过"尝试—纠错—尝试"进行频繁的根本性产品创新,工艺创新处于从属地位。在这个阶段,产业领导者尚未出现,更多的是大量中小企业尝试多种多样的产品创新进行主导设计的竞争(见表 3-1)。在新兴产业的形成阶段,即过渡阶段(Transitional Pattern),企业技术经验不断积累,新产品的性能和需求特点逐渐稳定,新产品趋向标准化,主导设计(Dominant Design)形成。所谓的主导设计是指在技术可能性与市场选择相互作用下被广泛接受的产品设计形式。阿伯纳西和厄特巴克(Abernathy and Utterback, 1975)认为,主导设计是由以前独立的技术变异所引发的多项技术创新整合而成的新产品(或特征集)。拥有主导设计的企业可以获得近乎垄断的巨大利益,甚至能够影响产业未来的发展趋势。其他的技术轨道很容易受到市场的排斥,因此从根本上改变了企业和产业内的创新和竞争状况。随着主导设计的出现,企业间竞争的焦点转向价格和工艺创新，创新开始从激进创新向渐进创新过渡。在快速发展的专业化阶段(Specific Pattern)，主导设计的成熟使产品设计、生产工艺和流程逐渐标准化，产品的性能已经完全满足普通消费者的需求，创新的焦点转向以降低成本为动力和以工艺改进为主要内容的渐进创新，生产越来越自动化、集约化、系统化、专业化。

表 3－1　产业发展各阶段主要特征比较

		孕育阶段 (流动阶段)	形成阶段 (过渡阶段)	快速发展阶段 (专业化阶段)
技术和产品创新特征	产品特征	多样化设计，通常是定做的	至少有一种产品设计很稳定，能实现规模化生产	主要是无差异的标准产品
	创新特征	主要产品频繁变化，但主要的核心技术研发已经取得突破	随着需求增长，主要的产品开发和工艺流程问题解决，产品逐渐改良	产品的性能和质量大大提升，上下游产业链配套技术全面发展
	主要创新类型	频繁的根本性产品创新	工艺创新	渐进的产品和工艺创新
	产品设计特征	整合式设计	整合式设计	模块化设计
	创新激励	用户需求和技术信息	建立竞争优势的愿望	竞争压力
	创新源	产业先驱、产品用户	制造商、产品用户	通常是供应商
	创新不确定性	很高	中等	最低
	主导设计	多种技术路线并存，主导设计尚未出现	主导设计形成	主导技术和产品相对成熟，产业标准体系形成
生产特征	生产线	多种多样，小规模生产	至少有一种稳定的产品设计，具有一定的数量规模	大多数是没有差异的标准化产品
	生产过程	柔性的、效率不高，转换成本低，易于进行重大变革	逐渐变得刚性，效率逐步提升，转换成本逐步增加	效率高、资本密集、刚性、转换成本高

续 表

		孕育阶段（流动阶段）	形成阶段（过渡阶段）	快速发展阶段（专业化阶段）
生产特征	设备	通用设备，需要懂技术的熟练劳动力	有些过程或局部实现自动化	专用设备，自动化程度高，多数工人集中于设备的维护与监控
	材料	投入大多限于现有的材料	一些供应商提供专业化的材料	专业化的材料，若没有，要进行垂直一体化生产
产业组织特征	产业规模	规模很小，但增长较快	规模较大，专用设备和配套产业开始形成	规模很大，形成完整的产业链，向主导产业发展
	竞争焦点	产品功能、性能完善	产品多样化	降低成本
	竞争者	较多，但是随着市场份额的巨大变化，数量将会激增	众多，但是出现主导设计后，数量减少	很少，传统型垄断，市场份额稳定
	产业领导	多种多样的产品设计形式互相竞争，产业领导者尚未出现	产业领导初步形成，面对更有效和更高质量的生产者	产业领导已经确立地位，面对技术创新产生的卓越替代产品
	产业组织模式	一体化	垂直整合或垂直分工	模块生产网络
	组织控制	非正式组织，强调企业家精神	通过各种关系、项目和任务小组进行控制、协调	强调组织结构、目标、规则

资料来源：根据相关研究资料整理。

（二）主导设计与新兴产业分工网络的演进机制

主导设计及其形成的产业技术链的时空分布是决定产业组织结构和产业网络形态的关键要素。苏亚雷斯和厄特巴克（Suarez and Utterback，1995）指出，主导设计的出现影响着企业的市场份额以及企业的生存。主导设计不仅决定着不同技术路线及其发起企业的命运，还决定着围绕每项新技术的一系列互补性产品、专用装备制造产品、专用材料及相关生产性服务业的兴衰，因此在很大程度上决定着产业生命周期的运行轨迹。随着主导设计的逐渐形成和产业生命周期的演进，产品的自主创新从整合式架构逐步演进到模块化设计，产业网络形态及产业组织模式也不断演化。朱瑞博(2004a)以集成电路产业为例研究了产业组织结构从一体化到价值链整合再到模块化的虚拟再整合演进的一般规律。

1. 孕育阶段与一体化的组织模式

在新兴技术成果产业化的孕育阶段，由于技术路径不确定，不知何种产品有最大的市场潜力，因此主要是通过企业试错的方式优胜劣汰。优胜劣汰的标准是产品性能能否满足市场的需求，因此主导设计竞争的焦点就是产品性能的提升。在这个阶段，整合式的产品架构往往能取得竞争优势，因为模块化产品架构的既定设计规则和标准大幅剥夺了工程师们的设计自由，从而降低了产品性能的可优化性。而自主开发的整合式产品架构，能够掌控产品系统中每一个关键组件的设计和制造，因此可以以产品性能提升为核心目标在公司内部将整个设计、生产过程全部整合、优化起来。这样的一体化组织模式是孕育阶段的主要范式，其本质是以内部分工和效率为基础的大而全的产品设计和生产体系。这种组织模式在流动阶段大幅促进了产品性能提升。

2. 形成阶段与价值链的垂直分工模式

随着主导技术或主导设计方案的出现，产品创新的不确定性大幅降低，潜在进入者蜂拥而至，纷纷基于主导设计和主导技术进行工艺创新、商业模式创新、组织管理创新和市场创新。围绕新兴产业的主干技术链，各类企业进行大量渐进式的增量创新，逐步形成了比较完善的专用装备技术链、专用材料技术链、产业配套技术链、产业辅助技术链等，整个产业网络呈现垂直分工的价值链整合模式。这种组织模式通过企业系列制，在自己周围构建零部件的供应网络，大幅地促进了生产工艺、产品的标准化和生产效率的提高，能够获得规模经济效应和范围经济效应。

3. 快速发展阶段与模块生产网络模式

在新兴产业的形成阶段，产品的创新设计仍然以整合式架构设计为主。进入专业化的快速发展阶段后，产品的设计开始转向模块化设计。模块化的产品架构虽然限制了工程师在产品设计中的自由性，但可以在既定设计规则的前提下灵活、迅速地进行产品设计和组装。模块化产品的灵活性往往建立在牺牲某些性能的基础之上。当产品出现“过度服务”时，模块化产品架构能够帮助企业在破坏性竞争中赢得低端市场，取得竞争优势。因此，随着产品性能不断超越客户需求，产品的设计也从整合式架构设计演进到模块化设计，这是产品创新的一般规律。

当产品设计演进到模块化设计阶段后，产业组织模式也逐步由垂直分工模式演变到虚拟再整合的模块生产网络。与价值链整合模式下的分包模式不同，外包的对象往往是一个能够完成特定功能的半自律性的模块。高级的外包公司能够形成自己的知识产权和关键技术，而不仅仅是低级的“贴牌加工车间”。外包已经成为企业整合利用其外部最优秀的专业化资源，降低成本、提高效率、充分发挥自身核心能力和增强企业对环境的应变能力的一种组织管理模式。

（三）新兴产业培育中自主创新的机会窗口

后发企业实现追赶和跨越式发展必须及时抓住关键的机会才能实现技术跨越，这个机会就是实现技术赶超的机会窗口。在新兴产业发展的不同阶段，企业面临的机会窗口各不相同，进行自主创新的关键成功要素也有很大的差异(见表 3－2)。

表 3－2　产业发展过程中不同阶段的关键成功要素

组织可控战略因素		孕育阶段（流动阶段）	形成阶段（过渡阶段）	快速发展阶段（专业化阶段）
企业	技术优越性	√		
	安装基础的规模		√	
	互补性产品			√
	互补性资产	√		
	进入时机	√	√	
	联盟治理能力		√	√
政府	投融资机制	√	√	
	要素市场完备性	√	√	
	产学研转化机制	√		
	市场准入制度	√	√	

续 表

组织可控战略因素		孕育阶段（流动阶段）	形成阶段（过渡阶段）	快速发展阶段（专业化阶段）
政府	产业标准体系		√	
	创新型人才培育体系	√	√	
	中央、地方政府管理体制	√	√	√

资料来源：笔者自制。

1. 孕育阶段自主创新的机会窗口

世界各国和地区产业发展的历程告诉我们，科学革命导致技术革命，然后才出现产业革命。一次技术变革的周期大约是50年，与康德拉季耶夫长波周期基本一致。每次技术变革的爆发阶段，即新兴产业发展的流动阶段，是后发国家和地区实现赶超的难得的机会窗口。佩蕾丝和苏蒂（1988）认为，当一种产品成熟即主导技术确定后，产品和技术逐步标准化，发展中国家低成本的比较优势开始体现，这是后发企业的“第一种机会窗口”，但先行者的技术和制度地位不会受到挑战，后发企业也很难实现真正的赶超。当技术在最先进的国家出现时，在这些国家中与原有技术相适应的资本存量和熟练劳动力有可能成为结构调整沉重的负担，基于原有技术经济范式的经验完全不适应新的技术经济范式，甚至会阻碍新技术的应用。发展中国家在新技术经济体系中则可以轻装前进，且这种优势会因科技知识的广泛传播①而进一步加强，这是后发企业的“第二种机会窗口”，也是后发企业能够实现赶超的真正的机会窗口。

新兴产业来源于基础研究和原始创新，其发展过程严格遵循科技创新的基本规律。基础研究和原始创新是产业核心技术和关键技术的源泉，没有雄厚的基础研究和原始创新实力，新兴产业发展就会受制于人。对于企业而言，在流动阶段需要密切关注全球产业技术的发展趋势，准确预测和判断主导设计出现的可能方向，及早开发出新产品并争取成为被市场接受的主导设计，进而形成全球性的产业标准，掌握新兴产业的战略制高点。

① 值得注意的是这些知识和技术不像工艺创新、流程创新中的缄默知识那样难以言传，因此后发企业可以低成本地学习、吸收并掌握。

2. 形成阶段自主创新的机会窗口

在形成阶段，主导设计虽然已经形成，但围绕产业主干技术链的配套技术创新、辅助技术创新、产业专用装备创新、产业专用材料加工技术创新的机会非常多。如果企业在主导设计出现之后就立刻进入相关领域，也会占据有利的产业生态位，这是形成阶段自主创新的第一个机会窗口。

形成阶段自主创新的第二个机会窗口在于围绕领先者率先创新的主导设计和核心专利，采取“农村包围城市”的方式，在领先者核心专利周围设置自己的专利网，以遏制领先者滥用核心专利，增强与核心专利拥有者在交叉授权中的谈判地位。第二次世界大战后日本、韩国和中国台湾地区都是采取的这种战略。当地企业通过技术引进掌握国外的先进核心技术，再全力围绕这些核心技术进行应用性开发研究或改进性研究。这些外围专利网往往覆盖了将该核心技术投入商业应用时可能采用的最佳产品结构，从而给原技术所有者对该技术的有效利用造成了困难，由此突破欧美企业的技术垄断，迫使对方同意与自己进行专利的交叉许可，顺利获得对核心技术的使用权。

在形成阶段的初期，第一代产品创新真正成为主导设计还受到用户安装基数、互补性资产、互补性产品、进入时机等因素的影响。如果这种产品创新不能有效满足市场需求，这种技术成为主导设计的概率就比较低。安德森和塔什曼(Anderson and Tushman，1990)的研究发现，第一代新技术的公司很少能够成为主导设计的拥有者，反而是那些对突破性创新进行改进的技术创新者成了产业领导者。这就是过渡阶段自主创新的第三个机会窗口。对企业而言需要准确地辨识和把握好已经出现的主导设计，迅速推出能够满足市场需求的第二代、第三代的改良产品，并需要通过研发联盟、产业联盟等形式掌控互补性资产、互补性产品，尽快增加用户的安装基数。

3. 快速发展阶段后发企业的追赶陷阱与机会窗口

在新兴产业发展的专业化阶段，后发企业更容易掉进追赶陷阱。主导技术轨道是后发企业超越先发企业时难以逾越的最后壁垒。主导技术轨道是指在技术实现突破性进展后，由多项技术创新融合成为一个新的特征集，该特征集为某个产品类别建立了具有主导性和排他性的技术轨道(Utterback and Abernathy，1975)。一个主导技术轨道的确立并不纯粹由技术创新所决定，往往是由怀着各自政治、社会和经济目的的竞争者、联盟集团和政府管制者所推动的，是通过不同的技术变种之间进行的技术性、市场性、政治性的相互交织、错综复杂的竞争来完成的。尽管在追赶过程中后发企业会进行大量的工艺创新、商业模式创新、外观创新，但由于后发企业无法突破主导技术轨道中的核心技术专利和产业标准，因此与主导企业之间的差距可以缩小，却永远无法消除，更难以实现超越。

追赶陷阱还表现在发达国家和领先企业对后发企业技术引进的警惕和封锁。随着越来越多的后发企业凭借低成本优势迅速在低端市场攻城略地，制造能力和产品开发能力也随之逐步积累，中国本土企业开始向中高端市场发展，威胁到国外同行企业的市场地位。这就引起了领先企业的警觉，在技术输出上开始实施保守的封锁战略，加大对新兴技术的保护力度，并开始限制高精尖的新技术向中国转移。张米尔和田丹(2008a)指出，进入20世纪90年代后期，在家用电器、摩托车、船舶制造等领域，中国企业已经很难通过传统的引进、消化和吸收的路径，继续缩小与国外同行企业的技术差距，出现技术追赶的"天花板"效应。由于技术能力不足，中国大部分企业还很难进行真正意义上的自主创新。面对技术引进和自主创新的两难局面，中国企业的持续发展日益受制于追赶陷阱的羁绊。

在专业化的快速发展阶段，新兴产业的发展已经非常成熟，但也具备产业升级换代的机会窗口。后发企业需要走出不同于先行者的主导技术轨道，只有自己的技术轨道在一定范围内(例如本土市场)成为主导设计，赶超才会得以实现。例如在已经非常成熟的计算机产业，苹果公司运用自行开发设计的Apple A4中央处理器平台，以及Apple OS操作系统平台，把信息领域的大量技术集成在一起，创新开发出了iPad平板电脑，并借此一举超越微软成为仅次于埃克森美孚的全球第二大市值公司。在技术创新的基础上，苹果公司提供了能够整合硬件、软件、数字内容渠道和服务内容的一体化解决方案，并通过App Store提供的数十万种应用，从一个电子产品生产商转型成为基于终端的内容服务提供商，成为产业链的整合者。通过商业模式创新，苹果公司占据了产业链的制高点。

三、架构创新、架构创新能力与全球价值链地位提升的机制分析

架构创新具有顶层设计的功能，相对于模块创新，产品的架构创新对企业的跨越式赶超及其在全球价值链地位提升中的作用更大，通过架构创新主导产品升级进而主导市场，引领其他企业发展。实现架构创新的难度更大，因此

架构创新能力是一种强大的系统整合能力。

(一) 架构创新与产业价值链重构

最早提出架构创新概念的是亨德森和克拉克(Henderson and Clark, 1990)。他们从创新影响架构连接的程度以及创新改变组件的程度两个维度，将创新活动划分为渐进性创新、架构性创新、模块化创新、突破性创新四类(见图 3-2)。从图 3-2 可以看出，渐进性创新和突破性创新处于创新矩阵的极端位置。突变性创新因核心设计概念与模块之间连接方式的改变，导致架构连接和产品组件都发生了重大改变，往往会形成新的主导设计。渐近性创新的核心设计概念与模块之间连接方式都不会发生明显的改变，最多只是局部的改进和完善，创新往往体现在产品组件的细微改变和性能提高上。模块式创新是在按照既定的界面标准前提下，对原有产品的一种或几种组件的核心设计进行颠覆性的创新改变，但产品架构及组件之间的联结方式并没有改变。架构性创新(Architectural Innovation)是指产品组件及其核心设计基本上并未改变，但产品的整体架构布局改变，即将相同组件进行整体结构之重新调整。亨德森和克拉克(Henderson and Clark, 1990)指出，架构性创新往往是因组件的变化而引起的，例如组件尺寸或者是设计上其他参数的改变，这些变化会导致现有产品的组件之间产生新的互动关系。组件背后的核心设计原理则没有发生变化，这是架构性创新中组件改变与模块式创新中组件改变的本质区别。

核心设计概念与模块之间的连接方式		核心设计概念：增强	核心设计概念：颠覆
	不变	渐进性创新	模块化创新
	变化	架构性创新	突破性创新

图 3-2 亨德森和克拉克定义创新的概念框架

资料来源：Henderson and Clark(1990)。

什么是架构创新？笔者参与的前期研究成果(朱瑞博、刘志阳和刘芸，2011)从创新形式的角度对亨德森和克拉克(Henderson and Clark, 1990)的概念进行了再定义。我们在藤本隆宏(2007)研究的基础上，根据零部件设计的相互依存度和企业间联系的紧密度两个产品设计信息，把产品架构划分为四种类型(见图 3-3)。更进一步地，我们把这四种类型分别称为一体化整合架构、垂直整

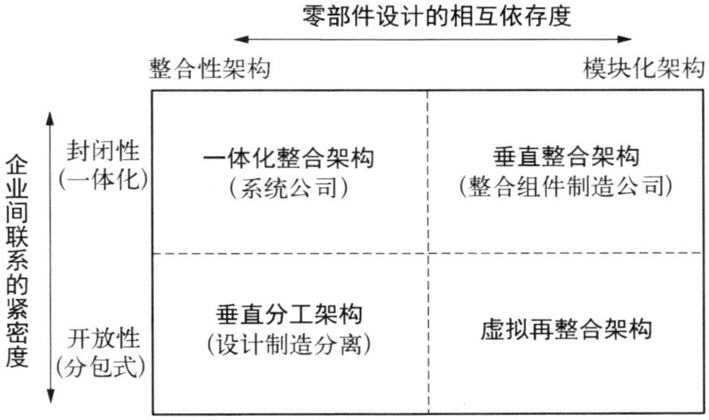

图 3－3　基于设计信息特性的架构创新类型

资料来源：朱瑞博、刘志阳和刘芸（2011）。

合架构、垂直分工架构（设计制造分离模式）和模块化的虚拟再整合架构。

不同于亨德森和克拉克（Henderson and Clark，1990）所定义的架构创新，我们认为只要采取了与市场中主流架构模式不同的架构改变都属于架构创新，即在零部件设计的相互依存程度和企业间联系的紧密程度两个维度上至少发生了一个比较显著的变化（朱瑞博、刘志阳、刘芸，2011）。如比亚迪电池从一体化的整合架构到垂直整合架构，比亚迪汽车从垂直分工架构到垂直整合架构，联发科采取 Turnkey 的一站式解决方案实现了从垂直分工架构到虚拟再整合架构，华为从一体化整合架构到虚拟再整合架构，振华重工从虚拟再整合架构、垂直分工架构到一体化整合架构，这些创新改变都是架构创新（见表 3－3）。我们所定义的架构创新既包含亨德森和克拉克（Henderson and Clark，1990）所定义的架构创新，也包含因科学技术取得重大突破而导致的颠覆性创新。本研究将继续遵循这种架构创新的定义，并在前期研究的基础上进一步深化。

表 3－3　四家案例企业的架构创新

企业	行业	主流的架构模式	架构创新策略	新的架构模式	企业生态位变化
比亚迪	电池	一体化的整合架构	“手工＋夹具”的半自动、柔性的生产线	垂直整合架构	打破了日本电池厂商一统天下的格局，在镍镉电池、镍氢电池、锂电池领域全球第一

续 表

企业	行业	主流的架构模式	架构创新策略	新的架构模式	企业生态位变化
比亚迪	汽车	垂直分工架构	零部件生产内部化	垂直整合架构	成为本土汽车产业的领先者
联发科	手机	垂直分工架构	Turnkey的一站式解决方案，为下游手机厂商提供保姆式服务	虚拟再整合架构	改写了手机产业的游戏规则和劳动分工，颠覆了原有的领先者，成为新型的领导者
华为	通信设备	一体化整合架构	采取准SDH技术的光纤连接方案的C&C08产品成为华为最重要的技术和产品平台	虚拟再整合架构	从产品代理公司跃升为世界顶级的通信设备制造商
振华重工	港口机械	虚拟再整合架构、垂直分工架构	电控系统的自主开发突破了跨国公司的封锁战略；新兴技术与传统产业的嫁接引发了港机产业的革命	一体化整合架构	打败跨国公司成为世界港机产业的领军者

资料来源：朱瑞博、刘志阳和刘芸(2011)。

架构创新引发产业价值链重构。通过架构创新，创新者可以打破原来产业标准的桎梏，着眼于产业发展的瓶颈问题，引进新技术变量，以系统设计师的身份重新设计关键模块与通用模块、专用模块之间的界面和标准，基于产业的关键模块创新，建立支撑整个产业发展的新产品平台，进而形成新的技术轨道、新的产业架构，掌握新的产业标准(见图 3－4)。

(二) 企业架构创新驱动全产业链的协同创新

基于架构创新，后发企业可以进行全产业链的协同创新。全产业链的协同创新主要从两个方面进行系统推进(朱瑞博，2010)：一是纵向层面的系统推进，即创新链与产业链融合的系统推进。这需要构建一个能够把创新前端的基础研究、前沿研究，中端的关键技术和共性技术的研发、技术服务、技术交易，后端的投融资服务、项目产业化、创业孵化、人才培训等融合成一个有机的开放式创新网络。二是横向层面的系统推进，即打造完备的产业链体系。要提升中国产业在全球价值链中的地位，绝不是一个企业或者一个研究所就可

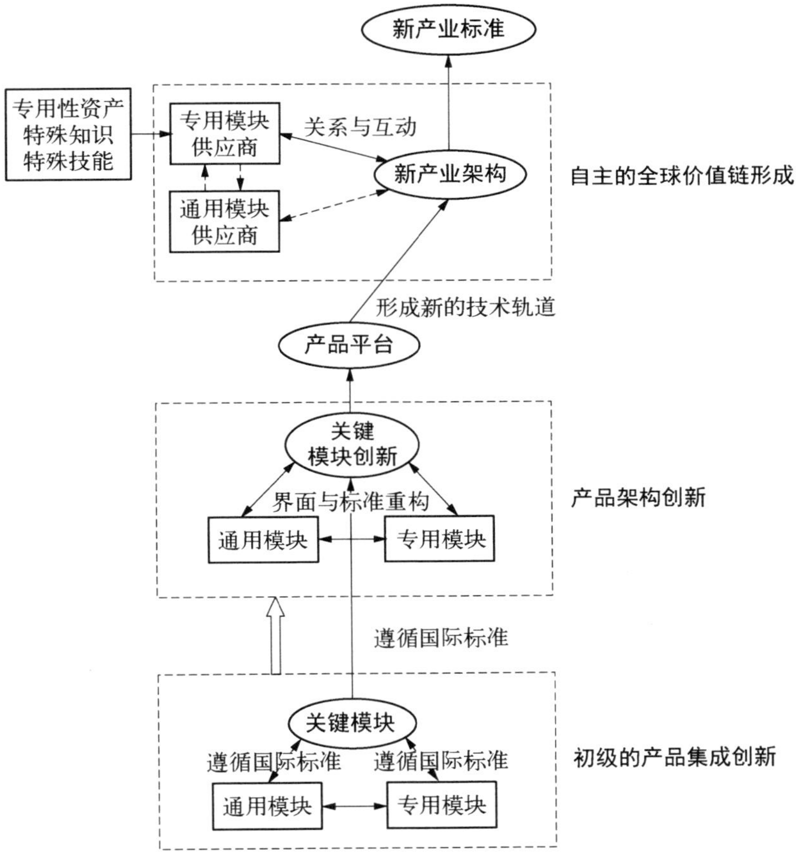

图 3-4　企业架构创新与产业链的重构

资料来源：笔者自制。

以完成的，必须要聚集各界力量，全力合作系统推进。在纵向和横向层面的系统推进过程中，亟待以体制机制创新破除发展中的制度障碍和瓶颈。架构创新对产业链协同创新的影响机制见图 3-5。

(三) 企业架构创新能力是全球价值链地位提升的关键

1. 能力、技术能力与技术创新能力

能力的概念最早由塞尔兹尼克(Selznik，1957)研究组织能力时提出。塞尔兹尼克(Selznik，1957)指出，与其他组织相比较，一个组织所拥有的不同于其他组织的特殊要素和资源就是组织的能力。彭罗斯(Penrose，1959)进一

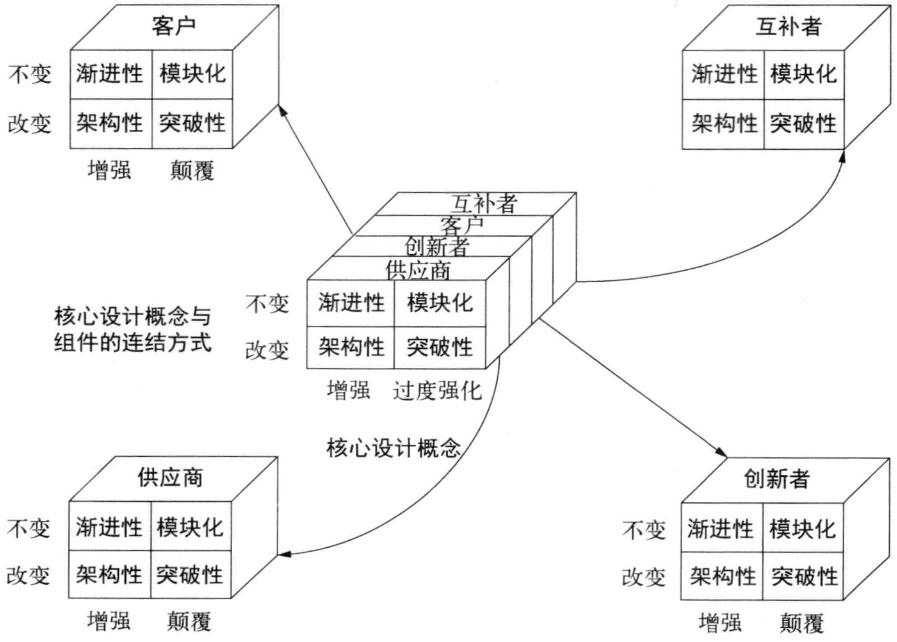

图 3-5　架构创新对产业链协同创新的影响机制

资料来源：笔者根据相关资料绘制。

步指出，企业的本质是资源的集合，企业的成长本质上是以集体知识的累积成长为基础的演化过程，并强调了技术基础的重要性。斯图亚特（Stewart，1981）明确提出了技术能力（Technological Capability）的概念，指出技术能力是一种能够自主选择主导技术、更新和完善现有技术与工艺，并且能够内生地创造出新技术的能力。此后，学术界从行为、过程、知识或资源等视角（洪勇，2009；黄曼，2016）对技术能力或技术创新能力的内涵、形成与成长机理、升级途径等进行了研究。

当今技术创新能力已经替代自然资源成为决定国际分工的关键要素，核心技术决定着外围技术、从属技术的发展方向，系统架构设计者和品牌制造商控制着全球生产网络体系的演进，是全球生产网络创造价值的分配者。无论工艺流程升级、产品的换代升级，还是沿着产业链向微笑曲线的两端攀升，都需要特定的技术创新能力来支撑。从一条产业链条转换到另外一条产业链条的链条升级更是需要自主的建构创新能力和对整个价值链的治理能力。国内外的实践证明，技术创新是产业升级的关键，没有自主的技术创新就不可能突破跨国公司构筑的战略性隔绝机制，永远被锁定在低附加值、微利化的低端生产制造环节。没有自主技术创新能力的国家或地区已经很难在国际竞争中占据一席之地。

2. 架构创新能力本质上是一种技术能力

架构创新能力要求企业对现有产品的规律性和存在的瓶颈之处有着极强的洞察力，能较充分地以客户的最终需求为核心进行系统思考，集约设计，引入新的知识和技术，开发设计出具有超越性或颠覆性的新产品，这需要企业在产品和服务上进行系统响应，需要企业具备更高级的、更宏大的系统设计和系统整合、协同集成的能力。架构创新能力是一种设计并利用规则来整合合作成员间技能，以及发展与成员企业的持久性协作关系的累积性能力。

从本质上来看，架构创新是对产品构成、组织结构和生产流程的系统性创新，它不仅反映了产品构成要素之间相互依存和功能分担关系的改变，还反映了产业系统内各利益主体之间互动关系的改变（朱瑞博、刘志阳和刘芸，2011）。从产业生态位的视角来看，架构创新就是企业在过去已经占有的现实生态位的基础上，引入新的构架知识或技术，突破产业中主导企业构建的架构模式，重新组合产业生态系统中的各种潜在资源，甚至通过技术的创新突破原有产业的生态位宽度。架构创新确定了一个价值生产体系所要做的，模块创新则是在遵守产品架构和设计规则的前提下做了价值生产体系所要做的。因此，与单一的模块创新相比，采取架构创新的企业对其所在的价值生产网络及整个产业系统都具有更强的影响力和支配力，从而使企业具备更高的“势”。

第四章　企业架构创新能力的构成要素及其测度：振华重工探索性案例分析

科学地度量架构创新能力是研究企业架构创新能力推动全球价值链地位提升的基础性工作。鉴于现有文献相对比较欠缺，本章甄选振华重工这个典型案例进行深入的探索性分析，试图探究企业架构创新能力的形成机制，从中提炼出架构创新能力的构成要素，在此基础上开发出度量企业架构创新能力的量表。从振华重工纵向案例研究发现，企业的架构创新能力主要由市场感知能力、新技术感知能力、探索与利用的双元性能力、产品架构设计能力、网络规划与构建能力、网络治理能力构成。企业的架构创新能力具有累积性、层次性和协同性三大特征。本研究以72家汽车产业上市公司为例运用时序全局的主成分分析法定量评估了企业的架构创新能力。

一、研究方法与案例选择

（一）探索性案例研究方法

本研究主要目的是探讨架构创新能力是如何基于本土市场通过架构创新战略，优化网络生态位，提升企业的创新绩效和竞争优势，提升企业全球价值链地位，进而推动产业攀升技术制高点。从前面的文献综述可以看出，关于架构创新能力的研究比较少，国内外学者对架构创新能力到底由哪些因素构成缺乏比较系统、深入的研究。为了回答这些问题，本章主要采用探索性案例研究方法来研究。艾因森哈特（Einsenhardt，1989）和尹（Yin，1994）都指出案例研究方法在解答“如何”以及“为什么”等新的研究领域或现有研究不充分的领域时具有显著优势，即主要用于理论的构建和检验。案例研究方法分为探索性、描述性与解释性三种（Yin，1994）。

探索性案例研究法是通过对案例的充分调研，梳理和深入分析采集到的数据和相关信息，解析出其中蕴含的概念和机理，进而提出新理论或假设。通过探索性案例研究可以得出初步的结论，这些观点和假设需要经过大样本的实证分析来验证，因此本章的探索性案例研究是第五章实证研究的基础。

案例选择需要满足案例具有典型性、极端性（Pettigrew，1990）和独特价值（Yin，1994）的条件。基于这个原则，笔者选择了振华重工作为探索性案例研究对象。振华重工成立于1992年，在发展历程中多次克服市场、产业等带来的冲击（见表4-1），通过长期创新和研发努力，从一家默默无闻的小厂，成长为全球港机行业的龙头。1998年至2016年，振华重工（2009年之前名为振华港机）连续18年港口机械市场占有率全球排名第一，2016年达到82%的历史高点。因此，通过对振华重工的纵向案例剖析，可以得出一系列的结论，以供进一步实证检验。

表4-1　2008—2016年振华重工发展情况

	2008年	2009年	2010年	2011年	2012年	2013年	2014年	2015年	2016年
营业收入增长率(%)	14.45	0.44	−37.90	11.76	−4.57	27.10	8.05	−8.65	4.62
净利润增长率(%)	20.52	−70.00	−191	104.16	−3.806	112.20	10.42	24.02	58.26
销售毛利率(%)	12.84	10.82	3.02	5.01	4.89	7.61	13.44	15.28	18.98
销售净利率(%)	9.37	2.83	−4.16	0.16	−6.02	0.58	0.59	0.83	1.26
研发支出力度(%)	2.73	3.20	2.20	2.95	3.63	3.00	3.03	3.08	3.50

数据来源：Wind数据库。

（二）振华重工简介

振华重工是全球港机行业的龙头，1998年起，振华重工已经连续18年港口机械市场占有率全球排名第一，2016年达到82%的历史高点。振华重工在上海本地及南通等地设有10个生产基地。截至2017年底，公司的产品已进入全球99个国家和地区近300座码头。振华重工还是中国高端重型装备产业的龙头企业之一。2016 年 5 月 13 日，振华重工自主建造的世界最大起重船“振华 30 号”在上海长兴岛基地交付。该船以单臂架 12 000 吨的固定吊重能力和 7 000 吨 360 度全回转的吊重能力位居世界第一。2017 年 11 月 3 日，振华重工建造的 6 600 千瓦绞刀功率重型自航绞吸挖泥船“天鲲号”成功下水，取代“天鲸号”，成为亚洲最大、最先进的自航绞吸挖泥船，标志着中国疏浚装备研发建造能力达到了世界先进水平。振华重工首创、全球领先的第四代全自动化码头于 2017 年 12 月 10 日在全球综合自动化程度最高的码头——上海洋山港顺利开港。

振华重工的主营业务以集装箱起重机、海工装备与大型钢结构为主，2017 年上半年这三大业务收入占总营收的比重达到了 90%(见表 4-2)。

集装箱起重机是振华重工最早进入的领域。集装箱起重机是钢结构件、电气驱动和控制系统的集成产品，需要大的场地和较复杂的焊接、装配工序，因此是劳动密集型、资本密集型与技术密集型结合的产业。长期以来，世界集装箱起重机械市场为日本三菱、三井、石川岛，德国克鲁伯、诺尔，韩国三星、现代等大公司分享。这些上百年历史的跨国公司占据了全球集装箱起重机 95%以上的市场。1992 年，管彤贤在 59 岁即将退休时下海，带着从上海港机厂过来的设计、质量管理、生产以及市场等部门的十几个人，在紧贴着上海港机厂的浦东南路上租用了几间简陋的，以 100 万美元资金创办了上海振华港机有限公司①，开始大型港口集装箱机械的研发制造。2009 年 4 月振华港机更名为振华重工。

原任交通部水运司工厂处副处长、中港总公司船机处处长的管彤贤对集装箱起重机行业有着深刻的认识：在技术密集型、劳动力密集型和资金密集型的集装箱起重机行业，对于来自美、日、德、韩的跨国公司来说，并不缺乏技术和资金，但劳动力非常昂贵，造一台起重机同时需要几千个员工，在人力成本上根本没有竞争优势可言。而对越南、非洲等不发达国家或地区的企业来说，人力虽然丰富，但欠缺技术基础和资金实力。因此，唯有中国在这些方面都具备较强的竞争力。但如果仅仅依靠劳动力制造成本的优势，中国企业势必只能占据低端市场，难以在竞争中胜出，因此技术创新以及相关服务是振华重工走向全球的关键环节。

① 100 万美元出资由控股股东中国港湾建设集团总公司(后并入中国交通建设集团)出资 50 万美元、上海港机厂以地皮作价 50 万美元共同投资。

表 4-2　振华重工主营业务比重

	2008 年	2009 年	2010 年	2011 年	2012 年	2013 年	2014 年	2015 年	2016 年	2017 年
集装箱起重机(%)	69.27	60.37	50.1	54.22	58.42	52.86	49.04	64.43	70.16	61.49
海上重型装备(%)	7.04	12.99	15.14	19.37	18.94	18.25	19.88	17.13	5.28	22.14
钢结构(%)	3.62	10.56	9.72	7.78	3.51	3.76	3.4	3.55	4.25	6.68
散货机件(%)	14.58	11.13	21.56	15.82	15.93	13.2	14.35	8.65	12.96	5.2
南京宁高 BT 项目(%)						9.45	11.51	2.21	4.13	2.23
船舶运输(%)	0.73	0.13	1.1	1.35	1.31	1.28	1.07	2.93	2.38	1.44
其他业务(%)	4.75	4.82	2.38	1.47	1.89	1.2	0.75	1.11	0.84	0.82

数据来源：Wind 数据库。

二、振华重工架构创新能力的演进路径及其跨越式发展

面对强手如云、“百年级”强势企业比比皆是的全球港机市场，创始人管彤贤说：“振华港机要以科技创新过关斩将，成为自主创新型的先导性企业，就要以新的思路和新的举措将最优秀的科技创新资源整合到企业中来。”于是振华港机开始了从组装加工到系统设计再到自主建构新产品的架构创新之路（见图 4－1）。

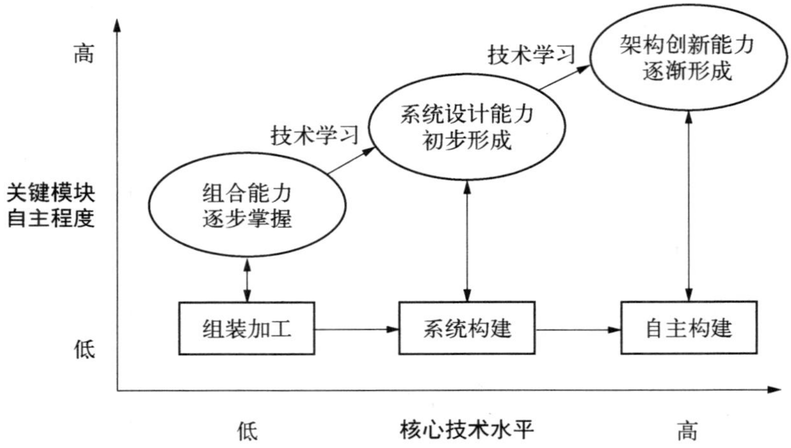

图 4－1　振华重工集成创新能力的演进路径

资料来源：笔者根据相关资料整理。

（一）技术学习与组合能力的形成

振华港机成立之初主要是通过模仿培养组装加工和产品的集成设计能力。振华港机的创业者和高层决策者准确地选择了集装箱起重机械这样的标准化集成产品，因为其钢结构部分能充分发挥国内在机械结构设计方面的特长，而且加工制造的成本相对便宜，而在其他电气控制部分，则可以采用技术成熟、质量稳定的外购件。这样通过简单的集成和组装加工的方式，仅靠低廉的劳动成本就可以制造比国外同行低 30％价格的产品。在振华港机诞生之初，国内使用的集装箱起重机基本都来自国外，振华港机自觉选择了“与狼共舞”，高起点接轨国际标准，花大力气学习并采用先进的国际标准作为进入国

际市场的通行证。作为大型机电产品，集装箱起重机从设计到生产制造都有严格的标准，仅国际标准就有20多种，涉及钢材、焊接、结构、电气设备、环保等各种领域。尽管这些标准的英文文本码起来高达二三米，但公司管理层与工程技术人员以"蚂蚁啃骨头"的精神，通过"请进来，走出去"等方式，硬是吃透了这些标准，并将其落实到每一位员工、每一道工序、每一个部件。在制订设计方案和工艺流程时，振华港机不惜重金，聘请业内专家上课讲解。在制造过程中，振华港机主动要求客户派出监理，甚至自己花钱聘请外国监理"找碴子"、挑毛病，不断整改，直到客户满意为止。1992年底振华港机获得了第一笔订单，是为加拿大温哥华港制造一台起重机。振华港机像制作一件工艺品一样精益求精，凡自己做不好的关键配套零部件，一律采用世界名牌。这台起重机除去运费后基本没赚到钱，但正是这次在国际市场的露面，启动了振华港机的国际征途，树立了振华港机的品牌声誉。1993年，温哥华又从振华港机买走一台设备。1994年，美国迈阿密港一次性向振华港机订购了4台产品。

随着订单的增加，振华港机通过不断地技术学习、知识吸收以及逆向工程模仿，在解决一系列的工程难题的过程中，逐步具备了基础设计、施工设计方面的组合能力。1995年原来为迈阿密港提供集装箱起重机的德国公司，为了保持原有的市场份额，起诉振华港机抄袭图纸。在法庭上振华港机拿出了存档的设计计算书和设计图纸，一举粉碎了德国企业的阴谋。振华港机不但赢得了官司，更向用户和同行证明了自己的独立设计能力。

（二）能力积累与系统设计能力提升

振华港机并没有满足于简单的组装加工。为了彻底摆脱外国公司的垄断和控制，振华港机随后以电控系统的设计开发为核心进行了产品的系统设计开发。钢结构件是集装箱起重机的四肢。电气驱动和控制系统则是其大脑，是控制机械姿态，保证机械按要求正常工作的重要指挥系统。它是港口机械和海工机械的关键组成部分，技术含量高，价格贵，通常占到港口机械和海工机械总价格的20%左右。长期以来，电控系统的技术一直为ABB、通用电气、西门子等几家外国大公司垄断和控制，几乎所有的港口机械制造公司都是直接从这几家公司进口电控系统。

电控系统受制于人，势必产生四个不利结果①：一是进口的电控系统成本

---

① 参见王君编写的中国浦东干部学院教学案例《上海振华港机通过集成创新引领行业发展》。

较高，使得整个机械产品的总价格难以下探，直接影响产品销售；二是外方对电控系统有较长的供货时间和运输周期，影响整个产品的交货期和按时履约；三是进口的电控系统集成到振华港机的产品后，需要外方进行系统调试，周期长，协调难度大，增加了额外成本；四是由于进口的电控系统都是标准件，要想满足市场对产品的个性化需求和建构自己的产品体系较为艰难。由于集成创新要在产品的市场概念和产品的可供技术资源之间通过选择和集成创造匹配性，是否具有整合产品市场需求与技术供给的系统设计能力就成为设备开发成败的关键。

为克服这些不利因素并解决实践中的难题，振华港机从简入手、由易到难，首先是培养自己的调试工程师，提高产品调试水平。为增高产品调试水平，振华港机专门送有关人员到国外向电控系统供应商学习，并在国外供应商调试人员在振华港机对产品进行调试时派人“当学徒”。通过这些途径，振华港机在较短时间内培养出了自己的调试工程师，有效克服了国外调试工程师在调试中遇到的语言沟通障碍、工作习惯不同和工种配合困难等瓶颈问题，使原来 3—6 个月才能完成的调试时间大幅缩短到 0.5—1 个月，有效缩短了产品的交货周期，提高了生产效率。同时，通过培养自己的调试工程师，促进了技术人员对产品的整体理解。1997 年，电控调试问题被振华港机彻底攻克。

电控系统调试成功后，1998 年振华港机又开始设计开发自己的电控系统。电控系统主要由两大部分组成：硬件（电子元器件、PLC 和变频器）和控制软件。其中，控制软件是电控系统建构能力的集中体现，占到电控系统总价格的 60%左右。中国软件编程水平较高，控制软件设计难度不大，中国完全有能力自主设计。控制软件的自主设计，使电控系统的总成本下降了 60%，同时，加深了企业对产品部件协调能力的理解，大幅提高了产品的系统设计能力。在硬件中，电子元器件和 PLC 技术含量和价格不高，国内外大量有货；但由于中国基础工业较为薄弱，技术水平总体较低，变频器长期需要依赖进口。为了实施技术封锁，国外厂商供应的电控系统硬件均高度集成，没有一家愿意单独出售变频器给中国研究和使用。为了打破国外厂商在变频器上的技术垄断，必须单独买到他们的变频器，这在 2000 年是一项艰巨的任务。为了能买到变频器，振华港机先后数次和 ABB 及通用电气进行洽谈，但对方始终坚持不卖。通过艰辛的努力，振华港机终于在 SIEMENS 的一个进口商中买到变频器。由于这次突破，ABB 和通用电气也最终同意单独出售变频器。振华港机获得硬件的三个构成模块后能够按照自己的产品设计进行系统集成，从而使得电控系统的生产成本又进一步下降①。2000 年之后，振华港机开始有意识地培养国内电气组件配套体系。电控系统的国产化，使得振华港机产品设计和开发速度大幅加快，效益大幅提高，在缩短产品生产周期的同时，振华港机电控系统的成本降到进口时的 15%，产生了显著的经济效益。

突破客户“点装”是振华掌握系统设计能力的重要标志。“点装”是装备制造业领域的特有现象。由于装备制造业的产品往往由许多零部件组成，尤其是重大装备，通常是把成千上万个零部件通过集成创新组装而成，因此系统设计和核心模块是装备制造业的高附加值环节。客户或业主为了确保产品的质量和性能，在购置某种装备时，往往要求制造厂家必须使用自己指定的某个厂家或品牌的某种材料或零部件，这种做法就是“点装”。客户“点装”的材料或零部件往往是后发企业难以设计、制造的关键模块，因此附加值很高。面对客户的“点装”，振华许诺如果客户使用自己设计制造的关键模块，振华将会延长产品的免费维护年限。正是通过比客户指定的关键模块设计制造商更长的免费维护年限，振华逐步获得了客户的认可，也收获了更多的产品附加值。

（三）探索式创新与架构创新能力的形成

1998 年，振华港机成为世界最大的集装箱起重机供应商，但他们并没有满足，而是不断瞄准行业科技进步的前沿，通过探索式创新②活动，把国际高新技术成果运用到港口机械设备制造业，不断提升产品的技术含量和附加值。2016 年底，振华重工拥有 2 个国家级企业技术中心和 1 个博士后工作站，获

---

① 除了摆脱外商的垄断和控制、降低生产成本的考虑之外，振华港机开发自己的电控系统还是因为当时从 ABB、通用电气、西门子等跨国公司购买的电控系统过于庞杂，不能满足客户的特殊需求。这些公司开发的电控系统主要用在钢铁、造纸等行业，起重机行业的市场份额很小，因此他们不愿意投入过多的资源针对起重机行业进行系统改造。

② 探索式创新（Exploratory Innovation）是一种大幅度的、激进的创新行为，其意图是利用新知识、新技术寻求新的可能性。企业通过探索式创新可以设计更优的新产品或者开辟新市场为新的消费者群体提供服务。探索式创新强调获取和创造全新的知识，力求脱离和超越企业现有的知识基础。与探索式创新对应的是利用式创新（Exploitative Innovation），这是以企业现有的知识基础为依托，强调对现有知识进行提炼、整合、强化和改进，主要进行的是小幅度的、渐进的创新行为，其意图是对产品或服务现状进行改进，为现有的顾客群体提供更优质的服务。

得国家和市级科技成果奖 50 余项，先后攻克了 20 多项世界领先的新一代集装箱起重机关键技术，在可吊双 40 英尺①、三只 40 英尺岸边集装箱起重机、双小车集装箱起重机、自动化码头装卸系统等产品方面取得了世界领先地位，颠覆了全球港口机械产业格局。通过自主创新，振华重工已经成为港口机械行业的领军者。

在全世界率先将 GPS 卫星导航和定位系统用于港机，是振华重工自主建构能力形成的重要标志。确保起吊的准确、安全，是集装箱起重机生产商一直追求的目标。传统的轮胎式集装箱龙门起重机在移动、起吊时，需要靠人工操作。在高达 20 多米的驾驶室中，若司机全靠目测，不仅效率低，还容易出偏差，甚至酿成事故。如何改良起重机的功能？振华重工一直在寻找机会。当 GPS 技术进入振华重工人的视野时，他们意识到将这项“天上的技术”与地上的港机嫁接，将会引发一场革命。于是振华重工找到两位 GPS 的专业人员，并组织公司 5 名员工攻关。通过几个月的努力，开发出拥有自主知识产权、能够让场桥电机和 GPS 协调运行的控制软件。有了这项技术，起重机能够根据场地和箱位情况，自行纠偏、行走，在仅有 1 米的空隙中灵活穿梭，将重达几十吨的集装箱准确无误地放到规定位置上，误差只有 15 毫米。振华的这项独特技术，不仅获得了中国专利，在世界其他国家也取得了专利，帮助振华获得了大量订单。

2017 年 12 月 7 日召开的第六届董事会上，通过了关于振华重工全资子公司在境外设立数字化供应链平台公司的议案。振华重工决定为实现振华重工港口机械业务“从单一的供应商升级为一站式全生命周期的解决方案提供商”的产业链升级目标。

三、振华重工架构创新能力演进的实现机制

振华重工从小到大、从弱到强的发展历程就是其集成创新能力由低到高的演进过程，表现为组合能力、系统设计能力和自主建构能力三个阶段。这条演进路径可以总结概括为图 4 - 1。振华重工在不同发展阶段采用了不同的机制促进其技术学习和架构创新能力的提升、演进，三个阶段技术创新能力演进的实现机制见表 4 - 3。

---

① 1 英尺约为 30.48 厘米。

表 4-3　振华重工不同阶段技术创新能力演化机制比较

	组合能力	系统设计能力	架构创新能力
主要特征	不掌握核心技术，产品的关键模块严重依赖外部资源；具备了集成不同零部件的架构技术	核心技术水平显著提升，关键模块实现了自主化，掌控了主导设计背后的核心能力	核心技术水平非常高，能够探索性吸收新知识、新技术自主构建关键模块和系统架构，提出了自主的技术轨道
生产运作	简单的组装加工、注重生产和施工管理	同步设计、同步开发、同步生产，精益协作	超前设计、协同整合
组织安排	整合生产过程，注意搜集公开文献、国际标准、培育技术学习能力、形成内部技术管理体系	与顾客建立密切关系，完善内部技术管理体系，积极利用外部创新资源，进行协同创新	网络 R&D、战略联盟与顾客关系、技术开发协议、并购
学习机制	向竞争对手学习，向国际标准学习，干中学、学中干	向用户学习，从失败失误中学，从招标过程中学，干中学、学中干	R&D 中学、用中学、交互中学，重视科技储备
创新方式	利用式创新	利用式创新	探索式创新＋利用式创新

资料来源：笔者根据相关资料整理。

(一) 组合能力形成的实现和演化机制

在组合能力形成阶段，振华重工主要是通过学习世界港机制造的公开文献、国际标准，模仿组装主导设计已经完全确定的成熟产品，依赖的是低廉劳动力成本的价格竞争优势。振华重工创业之初的技术能力来源于上海港机厂的设计、质量管理、生产及市场营销人才，如果仅仅依赖这些初始技术能力，利用中国的劳动力优势，振华重工只能获得可怜的、短期的组装加工费。大型集装箱起重机的成本结构中，55%是原材料成本。在组合能力的形成阶段，振华重工自己能生产的只有钢结构件，而特殊钢、油漆、电机、控制系统等，大多从国外知名供应商处采购，能压缩成本的空间只有加工环节。振华重工意识到只依赖低成本制造的比较优势很快就会碰壁，因为市场上很可能会出现更低生产成本的厂商。这就是日本学者延冈健太郎和上野正树(2005)、藤本隆宏(2007)等提出的中国制造业更容易在“具有准模块化设计思想[①]的产品上获得竞争力”，但这种能力具有一定极限的观点。因此，只有不断推出新产品，同时尽可能研发自主产权的关键部件，提高国产化比例，建立稳定的配套体系，才能扩大成本的可压缩空间。市场竞争压力成为振华重工突破组合能力极限的根本动力。于是振华重工在干中学、学中干的过程中，充分利用世界港机设计和制造的先进技术，通过向竞争对手学习、向国际标准学习，使自己的技术能力有了明显的飞跃，为实现向系统设计能力的演进打下了坚实的基础。

（二）系统设计能力形成的实现和演化机制

通过组合能力的提升，振华重工逐步掌握了集成不同零部件的初步架构技术。与核心模块和关键模块的技术相比，架构技术相对简单，有利于后发企业在不完全掌握关键部件技术的条件下，从系统层面进行系统集成（Harryson，1998）。但在组合能力阶段，振华重工并没有改变或提升核心模块的能力，例如振华重工使用的电控系统常常是ABB、通用电气、西门子等跨国公司的通用产品，系统过于庞杂，不能满足客户的特殊需求，这给最终产品整体性能的提升带来挑战，而且依靠跨国公司专业技术人员的系统调控，往往不能及时满足客户的紧急需求。在这种背景下，振华重工逐步从培养自己的电控系统调控师入手，逐步设计开发出自己的电控系统，随后又开始有意识地培养国内电气元件配套体系。通过这些努力，振华重工获得了核心模块的设计制作技术，在此基础上深刻领会和把握了港机产品的系统设计和架构技术。大型装备制造产品整体性能的提升在很大程度上依赖于核心模块和关键模块的性能，并取决于把这些模块进行有机整合的连接技术和方式，因此需要进行藤本隆宏（2007）提出的磨合性设计制作能力的构筑。振华通过优质的客户关系管理，努力完善内部技术管理体系，积极利用外部创新资源，通过向用户学习、从失败失误中学、从招标过程中学，通过大量的干中学、学中干，在不断试错的设计开发活动中，不断地验证、反馈和修正核心关键件的整体方案，从而在系统层面持续优化核心模块的性能，推动系统架构设计的正向学习和滚动发展。最终，振华重工的核心技术水平显著提升，关键模块实现了自主化，突破了客户的“点装”陷阱，掌控了主导设计背后的系统设计能力。

---

① 藤本隆宏认为“准模块化”的设计思想是指，在对既有产品的模仿、改造和改进的过程中，通过实现既有产品之间的零部件的不同组合来实现差别化的做法。

（三）架构创新能力的实现和演化机制

正是在系统设计能力的形成过程中，振华重工逐步深刻领会和把握了港机产品的系统设计和架构技术。这些能力为振华重工探索性运用新知识、新技术进行自主建构领先产品打下了坚实的能力基础。为了持续不断地研发高效、节能、环保的港机产品，振华重工的技术中心紧密跟踪市场发展趋势，扫描和选择可能对提升产品整体性能有效的新知识、新技术。振华重工每年都会组织设计人员参加全球各地的集装箱新技术交流会，观摩竞争对手的创新产品，资助大学科研院所的研究人员参与国际同行的会议。同时，振华重工每年都会举办数十次以上的集装箱装卸新技术、新工艺的交流会。这些活动延伸了振华重工的知识和经验范围，提升了企业对不熟悉领域和新技术的反应速度，保持了企业对产业最前沿的新材料、新工艺应用与新设计理念的把握与洞察。振华重工注重将设计资源和经验在不同项目之间分享，结合港机产品的市场趋势进行自主建构。

四、企业架构创新能力的特征及构成要素

振华重工的探索性案例研究，可以得出企业的架构创新能力的构成要素主要有六个：市场感知能力、新技术感知能力、探索与利用的双元性能力、产品架构设计能力、网络规划与构建能力、网络治理能力（见图 4－2）。在此基础上，企业的架构创新能力具有累积性、层次性等特征。

（一）架构创新能力的累积性

振华重工的案例告诉我们，技术创新能力的层级和大小决定了企业获得附加值的高低。当企业仅仅拥有组装加工的组合能力时，其面临的是微笑曲线的中段，只能获取较低的加工费；当企业拥有较高的系统设计能力时，就可以突破客户的“点装”困境，把高附加值的核心模块和关键环节的利润收归己有；当企业拥有较高的自主建构能力时，就可以构筑跟随模仿者的进入壁垒，从创新中持续获利。近年来振华重工通过有效的成本管控与高附加值港机产品，港机业务毛利率持续攀升，2016 年毛利率达到 23.5％高点。

迪瑞克斯和库尔（Dierickx and Cool，1989）指出，企业持续竞争优势的因素往往需要企业内生渐进的技术能力积累才能获取。振华重工自成立之日起，就把自主技术创新作为企业的管理理念，通过持续创新来获得竞争优势。

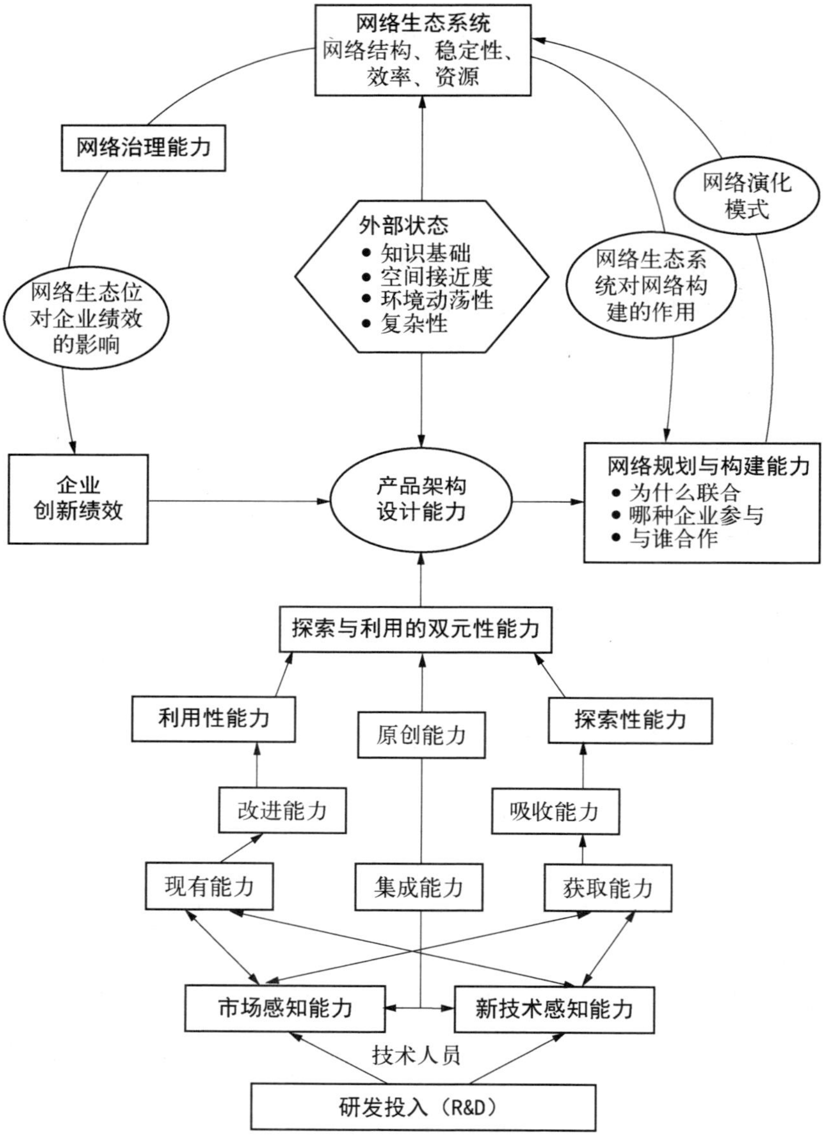

图 4-2　架构创新能力的构成要素及形成路径

资料来源：笔者根据相关资料整理。

振华重工提出每年至少创造一个“世界第一”的目标。从表 4－4 可以看出，长期以来振华重工持续累积性地进行创新投入，研发支出力度基本上维持在3％以上。正是累积性的研发创新强化了振华重工在全球港机行业中的领军地位。不断的技术创新和研发努力使得振华重工获得了为数众多的进步奖项和荣誉称号。振华重工先后获得国家科技进步奖一等奖 1 项、二等奖 2 项，上海市科技进步奖一等奖 6 项、二等奖 3 项、三等奖 5 项，浦东新区科技奖项 4 项，中国交通建设集团科技奖 11 项，国际工业博览会金奖 2 项、银奖 1 项；获得国家重点新产品 31 项，上海市重点新产品 19 项。面对全球竞争的加剧，依托强大的研发能力，近年来振华重工又推出了全自动化智能码头系统。

表 4－4　2008—2016 年振华重工的研发投入情况

	2008 年	2009 年	2010 年	2011 年	2012 年	2013 年	2014 年	2015 年	2016 年
研发费用（亿元）	7.50	8.83	3.77	5.65	6.62	6.96	7.60	7.17	8.52
营业收入（亿元）	274.43	275.64	171.16	191.29	182.55	232.02	250.69	232.72	243.48
研发支出力度（％）	2.73	3.20	2.20	2.95	3.63	3.00	3.03	3.08	3.50

数据来源：根据 wind 的数据计算所得。

（二）架构创新能力的层级性

振华重工的案例告诉我们，技术创新能力是有层级的，不同层级的能力具有不同的竞争优势。只有自主建构的架构创新能力才可能实现后发企业的技术赶超和跨越式发展（课题组、朱瑞博和刘芸，2012）。集成创新是随着科学技术的迅猛发展和市场需求的快速变化而逐渐形成的一种创新模式（吕强，2006），其核心要义是把握技术的需求环节，在创造符合需求的产品与丰富的技术资源供给之间创造出匹配（Tang，1998），将不断出现的新技术与瞬息万变的市场结合在一起，促进科技创新成果转化为先进的生产力和企业竞争力。振华重工技术创新能力的演进历程表明低层次的技术创新能力具有一定的局限性，是高层次技术创新能力的基础，高层次技术创新能力是对低层次技术创新能力的突破和飞跃。组合能力是振华重工充分利用国内低成本制造优势的基础，是振华重工的立足之本；系统设计能力是振华重工突破组合能力极限，缩小与国际领先企业差距的基础，获取更高附加值和市场份额的关键；自主建构的架构创新能力则是振华重工超越国际领先企业，取得世界领先地位，成为全球产业龙头和领军企业的根本。因此，中国的企业不能仅仅满足于低成本的制造优势，而需要通过技术能力的不断积累和突破，努力向价值链的高端攀升，甚至要在自主建构能力的基础上走出自己的主导技术轨道。自主建构的架构创新是探索性创新和利用性创新相互平衡的匹配过程，其本质是突破原有的主导技术轨道。通过探索性创新和利用性创新的有机匹配，振华重工形成了自主建构的架构创新能力，这种架构创新能力有效规避了后发企业的追赶陷阱，突破了原有的主导技术轨道。因此，架构创新能力的演进路径是由最终产品的技术层级结构、后发企业不同成长阶段所面临的主要竞争压力共同决定的，后发企业提升集成创新能力需要循序渐进，逐步实现技术能力的有序提升。

五、企业架构创新能力量表开发与测度

根据振华重工的探索性案例研究，可以得出影响企业的架构创新能力形成的要素主要有：研发投入强度、技术人员强度、市场感知能力、新技术感知能力、探索与利用的双元性能力、产品架构设计能力、网络规划与构建能力、网络治理能力（见图 4－2）。同时表征企业架构创新能力的还有发明专利数量、实用外形专利数量等指标。研发投入强度、技术人员强度、发明专利申请数量、实用外形专利申请数量等指标可以通过上市公司年报和国家专利局查询获得，而市场感知能力、新技术感知能力、探索与利用的双元性能力、产品架构设计能力、网络规划与构建能力、网络治理能力六个指标需要构建量表来完成度量。

（一）企业架构创新能力量表

在对振华重工案例调研和访谈的基础上，笔者设计了关于测度市场感知能力、新技术感知能力、探索与利用的双元性能力、产品架构设计能力、网络规划与构建能力、网络治理能力的量表（见表 4－5）。

表 4-5 企业架构创新能力量表

变量名称	变量代码	测度题项
市场感知能力	*MC*	有敏锐的市场感知力，能够精确把握市场动态和方向
新技术感知能力	*NTC*	对产业内部和外部的新技术、新应用有着敏锐的感知能力，并试图将新技术引入到既有产品或服务中
探索与利用的双元性能力	*AC*	在已经掌握的技术进行利用式创新的同时，能够积极地运用探索式引进新技术，与竞争对手相比能够更快地推出新产品
产品架构设计能力	*PAC*	能够推出自主设计的新产品，以系统设计师的身份重新设计关键模块与通用模块、专用模块之间的界面和标准
网络规划与构建能力	*NBC*	能够以自主设计的新产品为基准，初步具备产业平台的功能，以自己为核心构建自主的价值链生态网络体系
网络治理能力	*NGC*	能够高效地协调价值链生态网络体系成员的创新、供货、服务等能力

资料来源：笔者自己整理。

（二）企业架构创新能力的测度：以汽车产业上市公司为例

本部分以沪深证券交易所上市的汽车产业上市公司作为研究样本，为了尽可能多的包括汽车行业的上市公司，笔者选择 2012—2016 年时间研究区间。剔除其间数据不全的公司以及 ST 类上市公司后，最终有 72 家上市公司入选。

1. 研究方法的选择

因为企业架构创新能力的度量是一项开创性的探索研究，目前还没有相关研究定量评估企业架构创新能力的大小，对影响架构创新能力的相关因素还不清晰，所以难以构建一套科学合理的评价指标体系。因为第五章需要使用面板数据模型来研究企业架构创新能力与全球价值链地位提升之间的关系，因此需要研究 2012—2016 年共计五年的架构创新能力。为了更精确地研究架构创新能力，笔者采取了时序全局的主成分分析法来对涉及架构创新能力的 10 个变量进行降维处理。

时序全局的主成分分析法适合三维的面板数据的处理。三维的面板数据使用相同的 p 个指标 X_1，X_2，…，X_p 来统计 n 个样本的数据。在 t 年度对应着一张数据表 $X=(x_{i,j})_{n\times p}$，T 年共有 T 张数据表，T 张数据表从上到下依次排列构成了一个三维的时序数据表 $X=(x_{i,j})_{nT\times p}$。经典主成分分析方法处理的是每年单独一张的数据表 $X=(x_{i,j})_{n\times p}$，若对每年的数据表分别进行传统的主成分分析，则各年度提取的主成分与方差贡献率会存在一定的差异，无法保证系统分析的统一性、整体性和可比性（高永彦和司光南，2010；阮家港，2016）。时序全局的主成分分析法是将时序分析和全局主成分分析方法相结合（任若恩和王惠文，1997），即在传统的经典主成分分析的基础上，用降维的思想把多个相关的原始指标转化为相互独立的几个综合指标，用这一个或几个综合变量来取代原来的全局变量，进而研究系统总体水平随时间的变化轨迹。

2. 数据来源

研发投入强度、技术人员强度指标根据上市公司披露的年报的相关数据整理，数据来源于 Wind 数据库。这两个指标的计算方式见表 4－6。发明专利申请量和实用外形专利申请量来源于佰腾专利检索系统。

表 4－6　企业架构创新能力相关指标的计算方式

变量名称	变量代码	计算方式
研发投入强度	*RDI*	第 n 年公司研发投入除以主营业务收入
技术人员强度	*RDE*	第 n 年公司技术人员数量除以在职员工总数量
发明专利申请量	*PI*	第 n 年公司申请的发明专利总数
实用外形专利申请量	*P*	第 n 年公司申请的实用外形专利总数

对于市场感知能力、新技术感知能力、探索与利用的双元性能力、产品架构设计能力、网络规划与构建能力、网络治理能力则通过 10 级李克特量表来度量。对每家公司每年的情况进行打分，完全不符合打 1 分，完全符合打 10 分。由 10 位汽车领域内的专家通过“背对背”的方式分别打分，最后汇总 10 位业内专家的打分情况，得出该变量的得分（见表 4－7）。

表 4－7　测度企业架构创新能力的李克特量表

变量名称	变量代码	完全不符合……………………………………非常符合
市场感知能力	*MC*	1……2……3……4……5……6……7……8……9……10
新技术感知能力	*NTC*	1……2……3……4……5……6……7……8……9……10
探索与利用的双元性能力	*AC*	1……2……3……4……5……6……7……8……9……10
产品架构设计能力	*PAC*	1……2……3……4……5……6……7……8……9……10
网络规划与构建能力	*NBC*	1……2……3……4……5……6……7……8……9……10
网络治理能力	*NGC*	1……2……3……4……5……6……7……8……9……10

资料来源：笔者自己整理。

3. 数据的描述性统计

10 个测度企业架构创新能力的 10 个指标在 2012—2016 年 5 年期间的均值、标准差、最大值和最小值进行描述性统计的结果见表 4－7。从表 4－7 可以看出，2016 年 72 家汽车产业上市公司中研发投入强度的平均值为 3.74%，属于研发经费强度比较高的行业，但与欧盟发布的 2017 全球研发 2 500 强排行榜中的汽车及零部件公司相比差距还非常悬殊。2017 年全球共有 162 家汽车类企业进入全球研发 2 500 强排行榜，其中中国有 34 家，平均研发投入强度为 4.07%，平均利润率为 6.09%，不到 162 家企业的平均水平(平均研发投入强度、平均利润率分别为 4.5%和 6.5%)。德国 18 家入选企业的平均研发投入强度高达 6.19%，美国则为 4.55%，法国为 4.95%(见表 4－9)。从表 4－8 还可以看出，各年度 10 个指标的差异都比较大。

表 4－8　10 个指标的描述性统计

	样本量	最小值	最大值	平均数	标准差	变异数
2012 年市场感知能力	72	28	85	57.53	16.532	273.295
2013 年市场感知能力	72	29	87	59.43	17.062	291.122

续 表

	样本量	最小值	最大值	平均数	标准差	变异数
2014 年市场感知能力	72	31	87	61.46	16.634	276.674
2015 年市场感知能力	72	32	88	62.75	16.899	285.570
2016 年市场感知能力	72	33	90	64.51	16.943	287.070
2012 年新技术感知能力	72	10	85	44.85	15.657	245.145
2013 年新技术感知能力	72	11	86	47.07	15.962	254.798
2014 年新技术感知能力	72	12	86	49.17	17.259	297.887
2015 年新技术感知能力	72	12	90	50.75	17.598	309.683
2016 年新技术感知能力	72	12	90	51.75	18.502	342.331
2012 年双元性能力	72	15	90	44.40	20.325	413.089
2013 年双元性能力	72	15	91	45.08	20.581	423.570
2014 年双元性能力	72	15	92	46.14	21.180	448.600
2015 年双元性能力	72	15	92	47.36	21.709	471.276
2016 年双元性能力	72	15	93	48.57	22.343	499.206
2012 年产品架构设计能力	72	10	88	37.36	19.123	365.671
2013 年产品架构设计能力	72	10	89	38.00	19.414	376.901

续 表

	样本量	最小值	最大值	平均数	标准差	变异数
2014 年产品架构设计能力	72	10	89	38.85	19.794	391.793
2015 年产品架构设计能力	72	10	90	39.51	20.276	411.098
2016 年产品架构设计能力	72	10	90	40.63	20.891	436.435
2012 年网络规划与构建能力	72	15	81	40.22	16.686	278.429
2013 年网络规划与构建能力	72	15	82	41.04	17.171	294.829
2014 年网络规划与构建能力	72	15	85	41.71	17.493	306.012
2015 年网络规划与构建能力	72	15	85	42.42	17.770	315.768
2016 年网络规划与构建能力	72	15	88	43.74	18.197	331.127
2012 年网络治理能力	72	15	80	38.22	16.477	271.499
2013 年网络治理能力	72	15	80	38.68	16.609	275.854
2014 年网络治理能力	72	15	82	39.28	16.951	287.330
2015 年网络治理能力	72	15	82	40.11	17.190	295.509
2016 年网络治理能力	72	15	85	41.22	17.430	303.809
2012 年研发投入强度	72	0.516 5	5.959 7	3.297 771	1.331 062 1	1.772
2013 年研发投入强度	72	0.656 4	6.392 7	3.423 832	1.304 000 7	1.700

续 表

	样本量	最小值	最大值	平均数	标准差	变异数
2014 年研发投入强度	72	0.863 3	6.983 1	3.632 895	1.479 593 4	2.189
2015 年研发投入强度	72	0.064 1	9.343 9	3.769 574	1.635 403 3	2.675
2016 年研发投入强度	72	0.057 5	8.740 5	3.742 832	1.547 979 9	2.396
2012 年技术人员强度	72	3.410 0	46.690 0	14.257 306	8.527 237 5	72.714
2013 年技术人员强度	72	3.600 0	64.840 5	16.229 869	12.790 431 7	163.595
2014 年技术人员强度	72	2.460 8	55.971 1	16.402 551	11.574 855 6	133.977
2015 年技术人员强度	72	2.370 0	59.832 9	17.074 621	11.569 628 6	133.856
2016 年技术人员强度	72	2.880 0	67.800 0	16.819 583	11.040 398 9	121.890
2012 年发明专利申请量	72	0	169	9.65	27.148	737.019
2013 年发明专利申请量	72	0	148	10.89	29.391	863.847
2014 年发明专利申请量	72	0	172	13.40	36.715	1 347.962
2015 年发明专利申请量	72	0	294	14.42	43.851	1 922.923
2016 年发明专利申请量	72	0	180.0	11.750	32.055 3	1 027.542
2012 年实用新型专利申请量	72	0	370	21.75	64.336	4 139.063
2013 年实用新型专利申请量	72	0	617	26.99	85.819	7 364.887

续 表

	样本量	最小值	最大值	平均数	标准差	变异数
2014 年实用新型专利申请量	72	0	929.0	31.458	118.376 0	14 012.871
2015 年实用新型专利申请量	72	0	1 249.0	34.069	152.339 7	23 207.389
2016 年实用新型专利申请量	72	0	639.0	25.014	85.309 3	7 277.676

表 4－9　2017 年世界主要国家汽车及零部件企业研发投入及盈利能力比较

	家数	2016—2017 年 R&D 经费(百万欧元)	营业收入(百万欧元)	研发密度(%)	利润率(%)
中国	34	158.78	6 333.64	4.07	6.09
德国	18	2 214.14	37 017.86	6.19	3.2
日本	41	725.72	18 216.91	3.33	6.11
美国	23	803.11	17 721.57	4.55	8.62
法国	4	1 704.25	35 674.75	4.95	8.39
韩国	12	333.98	13 823.35	2.83	5.89
全部	162	705.11	15 976.67	4.5	6.49

资料来源：根据欧盟 2017 R&D ranking of the world top 2,500 companies 的数据计算。

4. 主成分提取

(1) KMO 和 Bartlett 检验

本研究以 72 家汽车产业上市公司为样本，使用统计软件 SPSS 的 22.0 版本对 10 个指标数据进行了处理。从表 4－10 可以看出，KMO 样本测度检验系数(0.740)大于 0.7，表明各指标所含信息有较多的共同因素，数据适合做因子分析。Bartlett 球形度检验指标显著性小于 0.01($p=0.000$)，表明各指标间相互独立，数据适合进行主成分分析。

表 4 - 10　KMO 和 Bartlett 的检验

取样足够度的 Kaiser - Meyer - Olkin 度量		0.740
Bartlett 的球形度检验	近似卡方	2 852.724
	df	45
	Sig.	0.000

(2) 主成分指标提取

根据特征根大于 1 的原则选取主成分，通过 SPSS 软件计算结果可以选前 3 个特征根为主成分，其累计方差贡献率为 74.277%（见表 4 - 11）。根据因子提取结果和因子回归系数，确定主成分的系数（见表 4 - 12）。

表 4 - 11　全局主成分分析的特征值与贡献率

变量	起始特征值			提取方差贡献率			旋转方差贡献率		
	总计	变异的百分比	累计百分比	总计	变异的百分比	累计百分比	总计	变异的百分比	累计百分比
1	4.686	46.862	46.862	4.686	46.862	46.862	3.472	34.723	34.723
2	1.580	15.796	62.658	1.580	15.796	62.658	2.005	20.053	54.776
3	1.162	11.619	74.277	1.162	11.619	74.277	1.950	19.501	74.277
4	0.916	9.158	83.435						
5	0.822	8.223	91.658						
6	0.336	3.358	95.016						
7	0.222	2.220	97.236						
8	0.128	1.279	98.515						
9	0.091	0.913	99.428						
10	0.057	0.572	100.000						

注：提取方法为主成分分析。

表 4-12 全局主成分的因子载荷

	成分		
	F1	F2	F3
双元性能力	0.926	−0.017	−0.121
产品架构设计能力	0.904	−0.002	−0.172
网络规划与构建能力	0.867	−0.108	−0.339
网络治理能力	0.829	−0.165	−0.359
新技术感知能力	0.709	0.603	0.171
发明专利申请量	0.657	−0.498	0.427
技术人员强度	0.370	0.308	0.297
市场感知能力	0.352	0.100	−0.255
研发投入强度	0.387	0.704	0.403
实用新型专利申请量	0.478	−0.574	0.589

注：提取方法为主成分分析。已提取了 3 个成分。

从表 4-11 可以看出，第一主成分对市场感知能力、新技术感知能力、探索与利用的双元性能力、产品架构设计能力、网络规划与构建能力和网络治理能力等指标有绝对值较大的负荷系数，在一定程度上反映了企业在技术创新活动过程中所积累的知识和技术资源，是表征架构创新能力转化的指标。

第二主成分对研发投入强度、技术人员强度等指标有绝对值较大的负荷系数。这两个指标均是对企业在架构创新层面上投入力量的反映，是表征企业架构创新投入能力的指标。

第三主成分则主要对应发明专利申请量、实用外形专利申请量两个指标，是企业在该年度内技术创新的产出的主要标志，因此是表征架构创新产出能力的指标。

第 k 个主成分($k=1,\ 2,\ 3$)的计算公式为：

$$F_k = \sum_{k=1}^{10} \alpha_{ki} \times Y_i$$

其中，F_k 为第 k 个主成分的值，α_{ki} 为第 i 个指标在第 k 个主成分上的因子载荷，Y_i 为第 i 个指标标准化后的值。

5. 测度结果

投入能力、产出能力和转化能力共同构成了企业的架构创新能力，采用计算因子加权总分的方法，得出企业架构创新能力的综合评估值。以 3 个因子的方差贡献率(表 4－11)作为权重，得到架构创新能力的计算公式为：

$$AIC=\frac{\beta_1F_1+\beta_2F_2+\beta_3F_3}{\beta_1+\beta_2+\beta_3}$$
$$=\frac{46.862F_1+15.796F_2+11.619F_3}{74.277}$$
$$=63.09F_1+21.27F_2+15.64F_3$$

根据上述公式，计算得出 72 家上市公司的架构创新能力综合得分(见表 4－13)。

表 4－13　2012—2016 年汽车行业上市公司架构创新能力评估

证券代码	证券简称	申万二级行业	2012 年	2013 年	2014 年	2015 年	2016 年
000913.SZ	钱江摩托	其他交运设备Ⅱ	−48.18	−41.87	−40.04	−34.92	−32.83
002105.SZ	信隆健康	其他交运设备Ⅱ	−60.97	−57.04	−53.00	−49.94	−43.99
600099.SH	林海股份	其他交运设备Ⅱ	−106.93	−107.44	−102.45	−104.47	−106.03
603766.SH	隆鑫通用	其他交运设备Ⅱ	−63.95	−62.13	−55.47	−55.16	−48.53
600297.SH	广汇汽车	汽车服务Ⅱ	−121.79	−119.88	−115.85	−112.83	−110.99
601965.SH	中国汽研	汽车服务Ⅱ	53.97	59.42	62.75	66.50	74.68
000338.SZ	潍柴动力	汽车零部件Ⅱ	83.72	95.99	102.16	105.62	115.24
000559.SZ	万向钱潮	汽车零部件Ⅱ	99.97	103.80	105.00	115.39	121.68

续 表

证券代码	证券简称	申万二级行业	2012 年	2013 年	2014 年	2015 年	2016 年
000678.SZ	襄阳轴承	汽车零部件Ⅱ	−97.10	−96.60	−95.38	−95.45	−94.56
000700.SZ	模塑科技	汽车零部件Ⅱ	−81.18	−81.21	−82.05	−81.73	−83.76
000757.SZ	浩物股份	汽车零部件Ⅱ	−83.16	−85.83	−81.65	−79.34	−77.15
000887.SZ	中鼎股份	汽车零部件Ⅱ	37.11	38.13	48.46	50.11	56.70
000903.SZ	云内动力	汽车零部件Ⅱ	−67.10	−61.63	−62.77	−61.55	−61.17
000980.SZ	众泰汽车	汽车零部件Ⅱ	−82.53	−70.80	−62.56	−33.29	−18.72
001696.SZ	宗申动力	汽车零部件Ⅱ	−109.17	−109.66	−110.54	−107.95	−108.87
002048.SZ	宁波华翔	汽车零部件Ⅱ	−16.71	−12.65	−6.93	−5.96	6.35
002085.SZ	万丰奥威	汽车零部件Ⅱ	−47.08	−44.18	−42.24	−45.34	−38.55
002101.SZ	广东鸿图	汽车零部件Ⅱ	−60.95	−56.49	−57.89	−54.94	−39.14
002126.SZ	银轮股份	汽车零部件Ⅱ	−54.13	−43.86	−39.31	−32.66	−18.88
002213.SZ	特尔佳	汽车零部件Ⅱ	−77.60	−77.97	−65.46	−64.19	−63.66
002265.SZ	西仪股份	汽车零部件Ⅱ	−94.05	−92.06	−91.66	−88.63	−87.71
002283.SZ	天润曲轴	汽车零部件Ⅱ	−4.72	−0.51	2.70	7.61	13.12

续 表

证券代码	证券简称	申万二级行业	2012年	2013年	2014年	2015年	2016年
002284.SZ	亚太股份	汽车零部件Ⅱ	−61.39	−60.47	−60.53	−55.97	−52.56
002328.SZ	新朋股份	汽车零部件Ⅱ	−90.00	−90.43	−90.16	−86.17	−87.00
002355.SZ	兴民智通	汽车零部件Ⅱ	−75.81	−75.67	−70.45	−66.37	−62.40
002363.SZ	隆基机械	汽车零部件Ⅱ	−80.21	−78.40	−71.84	−69.83	−66.30
002406.SZ	远东传动	汽车零部件Ⅱ	−33.14	−22.07	−21.61	−12.38	−1.80
002434.SZ	万里扬	汽车零部件Ⅱ	−56.56	−52.86	−46.39	−45.21	−37.47
002448.SZ	中原内配	汽车零部件Ⅱ	−33.38	−27.02	−23.71	−20.02	−11.16
002454.SZ	松芝股份	汽车零部件Ⅱ	3.96	−7.52	−0.15	7.68	15.01
002472.SZ	双环传动	汽车零部件Ⅱ	−13.02	−6.62	−2.55	1.81	10.55
002488.SZ	金固股份	汽车零部件Ⅱ	−40.08	−37.04	−31.81	−24.31	−15.32
002510.SZ	天汽模	汽车零部件Ⅱ	9.03	17.50	24.03	20.30	28.71
002536.SZ	西泵股份	汽车零部件Ⅱ	5.98	14.75	18.39	24.89	33.48
002553.SZ	南方轴承	汽车零部件Ⅱ	−16.50	−9.32	−7.13	−5.07	7.39
002590.SZ	万安科技	汽车零部件Ⅱ	−24.41	−21.98	−18.99	−18.42	−16.19

续 表

证券代码	证券简称	申万二级行业	2012 年	2013 年	2014 年	2015 年	2016 年
002592.SZ	八菱科技	汽车零部件Ⅱ	14.18	21.50	25.06	30.96	38.36
002593.SZ	日上集团	汽车零部件Ⅱ	−68.44	−66.90	−63.93	−60.54	−59.71
002625.SZ	光启技术	汽车零部件Ⅱ	6.68	10.44	13.14	16.32	22.96
002662.SZ	京威股份	汽车零部件Ⅱ	−5.66	0.24	12.11	21.43	25.90
002664.SZ	长鹰信质	汽车零部件Ⅱ	11.52	15.18	19.22	19.12	25.30
300100.SZ	双林股份	汽车零部件Ⅱ	38.47	48.44	54.27	56.44	57.75
300176.SZ	鸿特精密	汽车零部件Ⅱ	−49.24	−46.24	−48.88	−51.89	−51.84
300258.SZ	精锻科技	汽车零部件Ⅱ	59.47	64.25	77.75	82.43	96.09
300304.SZ	云意电气	汽车零部件Ⅱ	54.46	61.81	71.07	80.35	90.77
600081.SH	东风科技	汽车零部件Ⅱ	−18.52	−15.93	−13.00	−7.24	−6.90
600148.SH	长春一东	汽车零部件Ⅱ	−54.72	−52.99	−46.38	−43.38	−39.56
600480.SH	凌云股份	汽车零部件Ⅱ	−1.38	1.29	5.65	10.27	16.60
600523.SH	贵航股份	汽车零部件Ⅱ	−66.17	−64.49	−60.77	−57.84	−52.92
600660.SH	福耀玻璃	汽车零部件Ⅱ	63.33	67.36	80.97	89.18	96.10

续 表

证券代码	证券简称	申万二级行业	2012年	2013年	2014年	2015年	2016年
600698.SH	湖南天雁	汽车零部件Ⅱ	−37.76	−20.64	−17.52	−0.31	−12.58
600741.SH	华域汽车	汽车零部件Ⅱ	12.69	16.53	22.93	30.26	38.11
600960.SH	渤海活塞	汽车零部件Ⅱ	−32.88	−26.37	−16.57	−10.57	−2.68
601311.SH	骆驼股份	汽车零部件Ⅱ	56.39	62.21	72.48	76.75	86.23
601799.SH	星宇股份	汽车零部件Ⅱ	68.76	70.97	80.30	92.39	98.99
000550.SZ	江铃汽车	汽车整车	85.51	101.55	115.87	131.59	139.25
000625.SZ	长安汽车	汽车整车	178.38	182.08	185.80	183.49	193.32
000800.SZ	一汽轿车	汽车整车	56.79	56.92	60.67	64.04	71.12
000868.SZ	安凯客车	汽车整车	11.65	19.87	17.39	25.99	37.75
000927.SZ	一汽夏利	汽车整车	−49.13	−44.51	−32.51	−37.07	−60.17
000951.SZ	中国重汽	汽车整车	−37.07	−29.67	−28.46	−25.22	−19.70
002594.SZ	比亚迪	汽车整车	68.04	78.47	93.54	88.53	95.41
600006.SH	东风汽车	汽车整车	−5.11	6.07	10.78	15.91	19.55
600066.SH	宇通客车	汽车整车	129.31	148.46	157.61	167.90	184.88
600104.SH	上汽集团	汽车整车	118.40	128.87	132.54	137.92	144.31
600166.SH	福田汽车	汽车整车	40.77	54.92	66.02	66.51	66.64
600213.SH	亚星客车	汽车整车	4.40	5.39	3.21	6.26	9.04
600303.SH	曙光股份	汽车整车	−35.07	−33.36	−31.08	−29.05	−26.02
600418.SH	江淮汽车	汽车整车	7.82	21.18	31.57	34.53	39.21

续　表

证券代码	证券简称	申万二级行业	2012 年	2013 年	2014 年	2015 年	2016 年
600686.SH	金龙汽车	汽车整车	−12.10	−9.75	−5.41	0.86	1.91
601633.SH	长城汽车	汽车整车	121.09	142.64	154.25	152.30	157.03
601777.SH	力帆股份	汽车整车	55.03	59.11	68.80	79.45	98.90

第五章　成熟产业架构创新能力与全球价值链地位提升的实证分析及其攀登机制：以汽车产业为例

在第四章测度的72家汽车行业上市公司架构创新能力的基础上，本章将定量研究架构创新能力与价值链地位提升的关系。本章选取汽车产业作为研究对象，在对全球价值链地位进行测度的基础上，提出了三个假设：架构创新能力对全球价值链地位提升具有显著的正向促进效应，架构创新能力的累积性对全球价值链地位提升具有一定的滞后效应，越高的架构创新能力越有利于全球价值链地位的提升。通过面板数据模型实证检验三个假设后，运用"能力、时间、空间"三维立体式分析框架对比亚迪的架构创新历程和能力提升进行了分析，最后总结归纳梳理了成熟产业"利基市场—架构创新—新产业标准"的攀登机制。

一、全球价值链地位的测度

在全球价值链理论研究的基础上，国内外学者从出口产品的价格水平、技术含量、贸易附加值等视角对全球价值链分工地位进行了测度。这些研究主要是对一个国家或地区整体或者产业层面上进行的测度，本部分将在对全球价值链地位测度研究文献进行综述的基础上，找出从企业层面上衡量其全球价值链分工地位的测度指标。

（一）全球价值链地位测度研究综述

1. 出口产品价格及盈利能力视角的测度

一些学者认为产品的出口价格及其盈利能力是最简洁、最直观反映全球价值链分工地位的指标。肖特（Schott，2008）研究发现，对于相同属性的产品，发达国家更倾向于出口高价格产品，而发展中国家更倾向于出口低价格产品，出口产品价格的差异体现了国际分工地位的不同。丰塔涅等（Fontagne et al.，2008）也指出，出口高价格产品类型的发达国家处于全球价值链高端，出口低价格产品类型的发展中国家处于全球价值链低端。施炳展（2010）、蒲华林和张捷（2010）、胡昭玲和宋佳（2013）等利用出口产品价格指标对中国在全球价值链地位进行了评估和分析。娄思（2013）、周新苗和王志斌（2016）都使用了利润率作为价值链攀升效应的指标。

2. 技术含量（技术复杂度）视角的测度

霍斯曼等（Hausmann et al.，2007）构建了出口技术复杂度指数来衡量出口商品的技术结构，认为发达国家具有生产高技术复杂度产品的能力，从而能够获取更高的附加值，位于全球价值链高端。邱斌等（2012）、李强和郑江淮（2013）使用出口复杂度指标评估了中国制造业价值链地位的高低。薛晨菁（2014）对中国纺织品行业的出口复杂度进行测度。汤碧（2012）从产品层面利用出口复杂度指标研究了中日韩高技术产品出口贸易的技术特征和演进趋势。宣烨和陈启斐（2017）测算了 55 个国家生产性服务品进口技术复杂度和高科技行业的技术创新能力，并实证分析了两者之间的关系。刘琳和盛斌（2017）构建了出口的国内技术复杂度指数，实证检验了参与全球价值链对制造业出口的国内技术复杂度的影响。耿伟（2018）利用进口技术复杂度研究了影响中国制造业企业的加成率（企业绩效和盈利能力指标）的技术外溢效应和竞争效应。

3. 贸易增加值视角的测度

近年来，国内外学者对附加值贸易测度全球价值链国际分工地位进行广泛且深入的研究，世界贸易组织也主张采用附加值贸易核算方法进行测度全球价值链地位。哈梅尔斯（Hummels，2001）首先提出了垂直专业化指数（Share of Verticalspecialization，VSS）。垂直专业化指数是某行业出口中的进口产品投入价值与行业的总出口额的比值。该指标值越大，说明该国在国际分工中的垂直专业化程度越深，在全球价值链中的地位越高。库普曼等（Koopman et al.，2010）用增加值贸易框架构建了全球价值链（GVC）地位指数。GVC 地位指数认为：如果一个国家或地区在参与全球价值链分工中更多扮演的是中间品供给方的角色，则意味着该国整体上处于价值链分工的高端位置；反之若更多地扮演了需求方的角色，则意味着该国处于价值链分工的低端位置。尹彦罡和李晓华（2015）借鉴 GVC 地位指数分析了中国制造业在全球价值链中的地位。岑丽君（2015）基于贸易增加值（TiVA）数据与GVC地位指数对中国在全球生产网络中的分工与贸易地位进行了研究。程大中等(2017)基于贸易增加值的视角研究了中国服务贸易出口复杂度的动态变化。肖威和刘德学(2017)从贸易增加值的视角探讨了中国制造业的国际分工地位。马野青等(2017)从贸易增加值的视角,利用GVC地位指数和1999—2011年制造业细分行业面板数据,探讨了外商直接投资、生产性服务业和国内生产配套能力对中国制造业全球价值链地位的影响机制。

安特拉斯等(Antràs et al.，2012)构建了上游度指数,即通过测算一个国家在全球价值链上承担的中间品生产环节与最终产成品环节之间的"距离"来衡量一个国家在全球价值链中的地位。王金亮(2014)、刘祥和和曹瑜强(2014)、袁嘉欣(2016)、陈晓珊(2017)先后在安特拉斯等(Antràs et al.,2012)方法的基础上研究了中国制造业在全球价值链中的国际分工地位。张为付和戴翔(2017)在改进安特拉斯等(Antràs et al.，2012)测算方法的基础上,结合出口国内附加值率,对中国价值链分工地位进行了再评估。结果表明,中国全球价值链分工地位确实处于中低端。安特拉斯和左(Antràs and Chor, 2018)构建并测量了全球价值链中的上游度指数和下游度指数。

(二)全球价值链地位测度指标选择

根据研究主题,本部分研究着眼于企业在全球价值链中的地位,因此主要采用专家打分评估和企业盈利能力两个方面来测度(见表5-1)。为了验证回归模型的稳健性,企业盈利能力主要选择总资产收益率(*ROA*)、利润率(*PR*)两个指标。专家打分评估包括网络生态位指数(*NN*)和全球价值链地位指数(*GVC*)。网络生态位指数(*NN*)主要刻画企业在参加的价值链生态网络体系中所占据的位置。如果企业以自己为核心构建了一个比较健全的价值链生态网络,并是这个网络中的核心治理者,则评分为10。如果企业在参与的价值链生态网络中可有可无,替代性很强则评分最小为1。全球价值链地位指数(*GVC*)则从全球产业的视角看待该企业在全球价值网络体系中的地位。如果是全球价值网络的核心治理者,在产业标准的形成和制定中具有一定的话语权,则评分为10,如果企业在参与的全球价值链中的角色替代性很强则评分最小为1。

表 5－1　全球价值链地位测度指标的选择

变 量 名 称	变量代码	数 据 来 源
全球价值链地位指数	*GVC*	开发李克特 10 级量表，通过专家综合评估企业在全球价值链中所处的地位
网络生态位	*NN*	企业在参加的价值链生态网络体系中所占据的位置
总资产收益率	*AIC*	第 n 年年末披露的加权平均总资产收益率
利润率	*PR*	净利润与营业收入的比值

二、研究假设

（一）假设 H1：架构创新能力对全球价值链地位提升具有显著的正向促进效应

通过第三章理论分析和第四章对振华重工的案例分析得出，企业架构创新能力是全球价值链地位提升关键的判断，产品的架构创新对企业的跨越式赶超及其在全球价值链地位提升中的作用更大，可通过架构主导产品升级进而引领其他企业发展。基于此，提出假设 H1：

假设 H1：架构创新能力对全球价值链地位提升具有显著的正向促进效应。

H1a：架构创新能力对企业全球价值链地位指数具有显著的正向促进效应。架构创新能力越强，企业在全球价值链中的地位越高。

H1b：架构创新能力对企业绩效（总资产报酬率、净利润率）具有显著的正向促进效应。架构创新能力越强，企业绩效越好。

H1c：具有较强架构创新能力的企业，其全球价值链地位和公司绩效（总资产报酬率、净利润率、毛利率）要明显高于具有较弱架构创新能力的企业。

（二）假设 H2：架构创新能力的累积性对全球价值链地位提升具有一定的滞后效应

根据第四章得出的架构创新能力的累积性，持续的研发投入和技术人员努力是形成架构创新能力的核心因素，但当期的投入可能会在未来几年内得以体现，企业持续竞争优势的因素往往需要企业内生渐进积累才能获取

(Dierickx and Cool，1989)。基于此，本研究提出假设 H2：

假设 H2：架构创新能力的累积性对全球价值链地位提升具有一定的滞后效应。

H2a：架构创新能力对企业全球价值链地位指数提升具有一定的滞后效应。

H2b：架构创新能力对企业绩效（总资产报酬率、净利润率）的提升具有一定的滞后效应。

H2c：研发投入力度对企业绩效（总资产报酬率、净利润率）的提升具有一定的滞后效应。

（三）假设 H3：越高级的架构创新能力越有利于全球价值链地位的提升

第四章指出技术创新能力演进是有层次的，不同层次的能力具有不同的竞争优势，只有自主建构的架构创新能力才是后发企业实现技术赶超和跨越式发展的根源。在架构创新能力的动态演进中，探索和利用的双元性能力是比较低级的架构创新能力，自主建构的产品架构设计能力是比较高级的架构创新能力，而网络规划与构建能力、网络治理能力是更高级的架构创新能力。

假设 H3：越高级的架构创新能力越有利于全球价值链地位的提升。

H3a：越高级的架构创新能力越有利于企业全球价值链地位指数的提升。

H3b：越高级的架构创新能力越有利于企业绩效（总资产报酬率、净利润率）的提升。

三、研究设计

本章以汽车行业上市公司为例来定量研究企业架构创新能力与全球价值链地位提升的关系。汽车产业经历了一个多世纪的发展已经成为当今最典型的成熟产业之一。汽车产业具有产业关联度高、涉及面广、技术要求高、综合性强、零部件数量多、附加值大等特点，是国家发展的重要支柱产业，对相关产业发展具有很强的带动作用。

传统汽车产业以燃油发动机和车型的系统设计为核心，产业链条长，模块化、标准化程度非常高，整车企业通过车型设计、品牌策略与车型定价及量产成为全球价值链的治理者。进入 21 世纪以来，传统汽车产业受到越来越强的资源、能源和环境保护的约束。近年来随着互联网、传感器、信息集成等技术的不断发展，汽车产品的电子化、智能化、互联网化和共享化的进程不断深化，已经延续了上百年的汽车产业格局及上下游产业链正面临巨大的变革。对于后发企业而言，在汽车产业向新能源汽车转型升级的转折点上，会有着更多的架构创新机会。

（一）样本选择与数据来源

本章的实证分析以沪深证券交易所上市的汽车产业上市公司作为研究样本，为了尽可能多地包括汽车行业的上市公司，选择 2012—2016 年为研究区间。剔除数据不全公司和 ST 类公司后，共有 72 家上市公司成为研究对象。相关数据来自 Wind 数据库、佰腾专利检索数据库以及专家打分评估。

（二）变量与数据计算方式

1. 自变量

第四章通过主成分分析计算得出的架构创新能力综合指数是本研究的主要自变量，同时我们还要分析主成分分析提取的三个主成分（架构创新转化能力、架构创新投入能力和架构创新产出能力）对全球价值链地位提升的影响。为了研究架构创新能力的层级性，我们还将比较变量探索与利用的双元性能力（*AC*）、产品架构设计能力（*PAC*）、网络规划与构建能力（*NBC*）、网络治理能力（*NGC*）对全球价值链地位提升的弹性影响。

2. 因变量

因变量是企业在全球价值链中的地位，这里主要选择全球价值链中地位指数（*GVC*）、总资产收益率（*ROA*）、利润率（*PR*）、毛利率（*GPR*）等指标。

3. 控制变量

企业规模（*S*）、股权集中度（*CR*3）、股权制衡度（*Z*）、股权性质（*OW*，虚拟变量）以及代表财务杠杆的资产负债率（*LEV*）都会对企业的架构创新行为产生影响，进而影响企业全球价值链地位的提升和经营绩效。为了控制这些变量的影响，本研究将这些变量作为控制变量引入模型。企业规模采用公司总资产的自然对数衡量。

本研究所采用变量名称和测量方法见表 5－2。

表 5-2 变量名称与计算方式

变量类型	变 量 名 称	变量代码	计 算 方 式
自变量	架构创新能力	*AIC*	通过主成分分析计算
	架构创新转化能力	*F*1	通过主成分分析计算
	架构创新投入能力	*F*2	通过主成分分析计算
	架构创新产出能力	*F*3	通过主成分分析计算
	市场感知能力	*MC*	专家“背对背”打分评估汇总
	新技术感知能力	*NTC*	专家“背对背”打分评估汇总
	探索与利用的双元性能力	*AC*	专家“背对背”打分评估汇总
	产品架构设计能力	*PAC*	专家“背对背”打分评估汇总
	网络规划与构建能力	*NBC*	专家“背对背”打分评估汇总
	网络治理能力	*NGC*	专家“背对背”打分评估汇总
	研发投入强度	*RDI*	第 i 年公司研发经费投入与主营业务收入的比值(%)
	技术人员强度	*RDE*	第 i 年公司技术人员数量与在职员工总量的比值(%)
	实用外形专利申请数量	*P*	第 i 年公司申请的专利总数(件)
	发明专利申请数量	*PI*	第 i 年公司申请的发明专利总数(件)
	网络生态位	*NN*	专家“背对背”打分评估汇总
因变量	全球价值链中地位指数	*GVC*	专家“背对背”打分评估汇总
	总资产收益率	*ROA*	第 $i+1$ 年年末披露的加权平均总资产收益率(%)
	利润率	*PR*	第 i 年净利润/第 i 年营业总收入(%)
	营业总收入增长率	*G*	(第 $i+1$ 年营业总收入—第 i 年营业总收入)/第 i 年营业总收入(%)

续 表

变量类型	变 量 名 称	变量代码	计 算 方 式
控制变量	股权集中度	*CR*3	公司前三位大股东持股比例之和(%)
	股权制衡度	*Z*	公司第一大股东与第二大股东持股比例的比值(%)
	股权性质	*OW*,虚拟变量	实际控制人为国有,设为1,实际控制人为非国有,设为0
	公司规模	*S*	公司总资产的自然对数
	资产负债率	*LEV*	负债总额与资产总额的比值(%)

(三) 研究方法与模型设计

整个实证分析主要由三方面构成:

第一,通过采用时序全局的主成分分析方法,将影响架构创新能力相关10个因素中的信息重叠部分提取出三个主成分并综合成最终指数,探究架构创新能力的构成维度进行定量评估架构创新能力指数(*AIC*)及其构成维度架构创新转化能力(*F*1)、架构创新投入能力(*F*2)和架构创新产出能力(*F*3)的大小。2012年到2016年架构创新能力(*AIC*)、架构创新投入能力(*F*1)、架构创新产出能力(*F*2)和架构创新转化能力(*F*3)的测度结果见表4-12、表4-13、表4-14、表4-15、表4-16、表4-17。

第二,选择架构创新能力大于0的样本组成实验组,将架构创新能力小于0的样本组成控制组,运用独立样本T检验方法,探究两个组别之间在架构创新能力(*AIC*)、公司绩效[总资产报酬率(*ROA*)、净利润率(*PR*)、毛利率(*GPR*)]与成长性[主营业务增长率(*G*)]方面的差异。

第三,采用面板数据分析方法,对架构创新能力与企业全球价值链地位指数及企业绩效的关系进行实证检验。与截面数据或者时间序列数据面板数据相比,面板数据能够增加样本观测值,提供更多的信息和更可靠的估计效率,故本研究采用面板数据定量研究架构创新能力与企业全球价值链地位指数及企业绩效之间的关系。

本章构建的面板数据分析的基本模型如下:

$$Y_{i,t}=\alpha+\beta_1 AIC_{i,t}+\beta_2 S_{i,t}+\beta_3 CR3_{i,t}+\beta_4 Z_{i,t}+\beta_5 LEV_{i,t}+e_{i,t}$$

其中，$Y_{i,t}$ 表示全球价值链地位，依次为全球价值链中地位指数（GVC）、总资产收益率（ROA）、利润率（PR）变量。AIC 表示架构创新能力变量，依次为架构创新能力指数（AIC）及其构成维度架构创新转化能力（$F1$）、架构创新投入能力（$F2$）和架构创新产出能力（$F3$），这样共形成 12 个基本模型。α 表示截距项，β_i（$i=1, 2, 3, 4, 5$）为模型回归系数，i 表示横截面的个体，t 表示时间，$e_{i,t}$ 表示随机干扰项。

四、研究结果与讨论

时序全局的主成分和因子分析与均值 T 检验使用 SPSS22.0 来分析，描述性统计与面板数据分析采用的是 Eviews8.0。

（一）假设 H1 的检验

1. 假设 H1a 的检验

分析假设 H1a 架构创新能力对企业全球价值链地位指数具有显著正相关性的检验模型转变为式 5－1：

$$GVC_{i,t}=\alpha+\beta_1 AIC_{i,t}+\beta_2 S_{i,t}+\beta_3 CR3_{i,t}+\beta_4 Z_{i,t}+\beta_5 LEV_{i,t}+e_{i,t} \tag{5-1}$$

运用 Eviews8.0 作为回归用计量软件，对式 5－1 进行回归分析，分析结果见表 5－3。其中模型 2 引入架构创新能力后，F 检验值为 1 110.319，且 $p=0.000\ 00$，可决系数 R^2 等于 0.996 658，说明模型总体有效。架构创新能力（AIC）的回归系数是 0.126 505，在 $p<0.01$ 条件下显著，说明架构创新能力对企业全球价值链地位指数的提升有显著的正向影响，即架构创新能力对上市公司的全球价值链地位的提升表现具有显著的促进效应，架构创新能力越强，企业在全球价值链中的地位越高。模型 3—模型 5 分别对架构创新转化能力（$F1$）、架构创新投入能力（$F2$）和架构创新产出能力（$F3$）三个自变量进行了回归分析，结果显示三个模型的 F 检验值、可决系数 R^2 都比较高，$F1$、$F2$ 和 $F3$ 的回归系数分别为 3.689 851、1.006 739、0.499 523，$F1$ 和 $F2$ 均在 1%条件下显著，$F3$ 在 10%条件下显著，表明架构创新转化能力（$F1$）、架构创

新投入能力($F2$)和架构创新产出能力($F3$)对全球价值链地位的提升表现具有显著的促进效应。因此,假设 H1a 得证。

表 5-3 假设 H1a 的实证分析结果

变 量	模型 1	模型 2	模型 3	模型 4	模型 5
AIC		0.126 505*** (11.845 37)			
*F*1			3.689 851*** (5.617 990)		
*F*2				1.006 739*** (4.222 804)	
*F*3					0.499 523* (−1.782 299)
S	2.618 795*** (7.961 738)	0.635 178** (2.002 339)	1.725 410*** (4.920 381)	2.503 462*** (7.804 949)	2.553 932*** (7.746 602)
*CR*3	−0.056 375*** (−2.896 283)	−0.019 866 (−1.223 386)	−0.048 826*** (−2.633 043)	−0.044 631*** (−2.334 809)	−0.053 547*** (−2.752 290)
Z	0.016 212** (2.140 559)	0.001 373 (0.216 963)	0.011 054 (1.523 596)	0.014 532** (1.971 892)	0.016 008*** (2.121 488)
LEV	0.007 964 (0.488 273)	0.005 033 (0.376 697)	0.013 911 (0.895 510)	0.002 025** (0.127 254)	0.007 944** (0.488 901)
R^2	0.995 000	0.996 658	0.995 502	0.995 297	0.995 056
F-statistic	753.588 8	1 110.319	824.116 6	787.983 7	749.4145
Prob(F-statistic)	0.000 000	0.000 000	0.000 000	0.000 000	0.000 000
Hausman 检验	固定效应	固定效应	固定效应	固定效应	固定效应

注:***、**、* 分别表示 1%、5%、10%的显著性水平,括号内为 T 值;Hausman 检验:是根据 p 是否大于 0.05 来决定采用随机效应模型还是固定效应模型;本表未报告常数项。

2. 假设 H1b 的检验

分析假设 H1b 架构创新能力对企业绩效（总资产报酬率、净利润率）具有显著正相关性的检验模型转变为式 5－2 和式 5－3：

$$ROA_{i,t}=\alpha+\beta_1 AIC_{i,t}+\beta_2 S_{i,t}+\beta_3 CR3_{i,t}+\beta_4 Z_{i,t}+\beta_5 LEV_{i,t}+e_{i,t} \quad (5-2)$$

$$PR_{i,t}=\alpha+\beta_1 AIC_{i,t}+\beta_2 S_{i,t}+\beta_3 CR3_{i,t}+\beta_4 Z_{i,t}+\beta_5 LEV_{i,t}+e_{i,t} \quad (5-3)$$

运用 Eviews8.0 作为回归用计量软件，对式 5－2 进行回归分析，分析结果见表 5－4 和表 5－5。从中可以看出引入架构创新能力后，F 检验值和可决系数 R^2 都非常理想，说明模型总体有效。架构创新能力（AIC）、架构创新转化能力（$F1$）和架构创新投入能力（$F2$）的回归系数都在 $p<0.01$ 条件下显著，架构创新产出能力（$F3$）的回归系数不显著。AIC 和 $F2$ 的回归系数为负，$F1$ 和 $F3$ 的回归系数为正。因此，当因变量为 ROA 和 PR 时不能证明假设 H1b。之所以不能证明假设 H1b，很可能是因为架构创新能力存在着一定的滞后性，当期的架构创新能力对当期的经营绩效产生的影响不确定，可能会对未来几期的经营绩效产生比较显著的正影响，即假设 H2b。

表 5－4　假设 H1b 的实证分析结果（因变量：*AIC*）

变　量	模型 1	模型 2	模型 3	模型 4	模型 5
AIC		−0.093 854*** (−4.787 398)			
*F*1			3.214 967*** (3.022 887)		
*F*2				−2.879 538*** (−8.388 639)	
*F*3					0.205 088 (0.466 489)
S	−0.428 793 (−0.835 385)	1.042 855* (1.790 899)	−1.207 199* (−2.125 976)	−0.098 910 (−0.214 168)	−0.402 162 (−0.777 640)

续 表

变　量	模型 1	模型 2	模型 3	模型 4	模型 5
*CR*3	0. 021 933 3 (0. 722 091)	−0. 005 153 (−0. 172 868)	0. 028 511 (0. 949 479)	−0. 011 657 (−0. 423 520)	0. 020 772 (0. 680 641)
Z	−0. 012 771 (−1. 080 543)	−0. 001 762 (−0. 151 654)	−0. 017 266 (−1. 469 712)	−0. 007 966 (−0. 750 675)	−0. 012 687 (−1. 071 860)
LEV	0. 001 156 (0. 045 406)	0. 003 330 (0. 135 759)	0. 006 337 (0. 251 936)	0. 018 144 (0. 792 040)	0. 001 164 (0. 045 668)
R^2	0. 779 004	0. 795 561	0. 785 916	0. 823 013	0. 779 174
F - statistic	13. 347 87	14. 490 45	13. 669 92	17. 315 58	13. 138 82
Prob(F - statistic)	0. 000 000	0. 000 000	0. 000 000	0. 000 000	0. 000 000
Hausman 检验	固定效应	固定效应	固定效应	固定效应	固定效应

注：***、**、*分别表示 1%、5%、10%的显著性水平，括号内为 T 值；Hausman 检验：是根据 *p* 是否大于 0. 05 来决定采用随机效应模型还是固定效应模型；本表未报告常数项。

表 5 - 5　假设 H1b 的实证分析结果(因变量：*PR*)

变　量	模型 1	模型 2	模型 3	模型 4	模型 5
AIC		−0. 061 990** (−2. 112 519)			
*F*1			5. 896 595*** (3. 858 550)		
*F*2				0. 242 008*** (−6. 437 636)	
*F*3					0. 196 099 (0. 307 345)
S	−0. 141 343 (−0. 189 783)	0. 830 672 (0. 953 035)	−1. 569 023** (−1. 923 030)	−0. 051 329 (0. 346 053)	−0. 115 879 (−0. 154 395)

续 表

变　量	模型 1	模型 2	模型 3	模型 4	模型 5
*CR*3	−0.012 294 (−0.278 954)	−0.030 185 (−0.676 519)	−0.000 231 (−0.005 349)	0.008 992 (−1.231 559)	−0.013 405 (−0.302 651)
Z	0.003 408 (0.198 718)	0.010 679 (0.614 125)	−0.004 836 (−0.286 500)	−0.094 970 (0.559 633)	0.003 488 (0.203 036)
LEV	−0.114 711*** (−3.106 116)	−0.113 275*** (−3.085 345)	−0.105 208*** (−2.910 828)	−3.346 249*** (−2.737 810)	−0.114 703*** (−3.100 946)
R^2	0.764 196	0.767 856	0.775 981	0.794 316	0.764 274
F‐statistic	12.271 84	12.316 74	12.898 50	14.380 25	12.072 99
Prob(F‐statistic)	0.000 000	0.000 000	0.000 000	0.000 000	0.000 000
Hausman 检验	固定效应	固定效应	固定效应	固定效应	固定效应

注：***、**、*分别表示1%、5%、10%的显著性水平，括号内为T值；Hausman检验：是根据 *p* 是否大于0.05来决定采用随机效应模型还是固定效应模型；本表未报告常数项。

3. 假设 H1c 的检验

根据架构创新能力的大小，笔者把72家上市公司分为低架构创新能力组和高架构创新能力组，从表5‐6可以看出在均值T检验显著性为0.000的条件下，具有较强架构创新能力组的企业，其全球价值链地位和公司绩效[总资产报酬率(*ROA*)、毛利率(*GPR*)、利润率(*PR*)、主营企业增长率(*G*)]要明显高于具有较弱架构创新能力组的企业。因此假设H1c得证。

表5‐6　假设H1c的分析结果

	分　组	分组统计量			均值T检验	
		样本量	平均值	标准差	T	显著性(双尾)
GVC	低架构创新能力组	37	25.63	8.85	47.197	0.000
	高架构创新能力组	35	59.70	16.73	39.408	0.000

续 表

	分 组	分组统计量			均值 T 检验	
		样本量	平均值	标准差	T	显著性(双尾)
ROA	低架构创新能力组	37	5.03	4.42	15.463	0.000
	高架构创新能力组	35	7.81	5.32	19.421	0.000
GPR	低架构创新能力组	37	19.89	8.91	30.350	0.000
	高架构创新能力组	35	22.65	9.17	32.684	0.000
PR	低架构创新能力组	37	4.93	6.83	9.821	0.000
	高架构创新能力组	35	8.93	6.86	17.222	0.000
G	低架构创新能力组	37	6.27	20.33	4.193	0.000
	高架构创新能力组	35	13.73	16.81	10.803	0.000

(二) 假设 2 的检验

1. 假设 H2a 的检验

假设 H2a 的检验模型为:

$$CVC_{i,t}=\alpha+\beta_1 AIC_{i,t}+\beta_{1(-1)}AIC_{i,t-2}+\beta_{1(-2)}AIC_{i,t-3}\beta_{1(-3)}AIC_{i,t-3} \\ +\beta_2 S_{i,t}+\beta_3 CR3_{i,t}+\beta_4 Z_{i,t}+\beta_5 LEV_{i,t}+e_{i,t} \qquad (5-4)$$

表 5-7 是面板回归分析的结果,与模型 1 相比较,模型 2—模型 4 对架构创新能力滞后项的回归均存在 1%条件下的显著性,且系数均为正。这表明当期的架构创新能力还会影响到未来几期,当期的全球价值链地位指数受到前几期架构创新能力的影响,因此存在着架构创新能力的累积性。模型 5 在同时回归 *AIC*、滞后一期的 *AIC*(−1)、滞后二期的 *AIC*(−2)和滞后三期的 *AIC*(−3),发现滞后一期的 *AIC*(−1)为负值且不显著外,其他回归系数均为正,且显著性水平较高。因此,假设 H2a 得证,架构创新能力确实对企业全球价值链地位指数提升具有一定的滞后效应。

2. 假设 H2b 的检验

假设 H2b 的检验模型为式 5-5 和式 5-6:

表 5 - 7 假设 H2a 的实证分析结果

变 量	模型 1	模型 2	模型 3	模型 4	模型 5
AIC	0.126 505*** (11.845 37)				0.074 807*** (4.501 001)
AIC(−1)		0.105 378*** (8.732 477)			−0.019 757 (−0.933 828)
AIC(−2)			0.128 150*** (10.258 04)		0.067 358*** (3.062 892)
AIC(−3)				0.087 725*** (4.561 393)	0.039 233** (2.032 678)
S	0.635 178** (2.002 339)	0.871 772*** (2.785 187)	0.333 800 (1.113 641)	1.926 077*** (3.207 240)	0.320 270 (0.560 705)
*CR*3	−0.019 866 (−1.223 386)	−0.026 629 (−1.459 905)	−0.017 425 (−1.022 269)	−0.019 588 (−0.776 059)	−0.005 759 (−0.268 221)
Z	0.001 373 (0.216 963)	0.001 572 (0.253 363)	−0.001 143 (−0.205 815)	−0.013 242 (−1.428 884)	−0.008 795 (−1.138 203)
LEV	0.005 033 (0.376 697)	−0.009 742 (−0.672 187)	0.006 237 (0.407 574)	−0.011 859 (−0.599 498)	−0.004 885 (−0.280 982)
R^2	0.996 658	0.997 779	0.998 937	0.999 546	0.999 706
F - statistic	1 110.319	1 247.389	1 719.079	1 942.664	2 756.895
Prob(F - statistic)	0.000 000	0.000 000	0.000 000	0.000 000	0.000 000
Hausman 检验	固定效应	固定效应	固定效应	固定效应	固定效应

注：***、**、*分别表示 1%、5%、10%的显著性水平，括号内为 T 值；Hausman 检验：是根据 p 是否大于 0.05 来决定采用随机效应模型还是固定效应模型；本表未报告常数项。

$$ROA_{i,t} = \alpha + \beta_1 AIC_{i,t} + \beta_{1(-1)} AIC_{i,t-2} + \beta_{1(-2)} AIC_{i,t-3} \beta_{1(-3)} AIC_{i,t-3} + \beta_2 S_{i,t} + \beta_3 CR3_{i,t} + \beta_4 Z_{i,t} + \beta_5 LEV_{i,t} + e_{i,t} \quad (5-5)$$

$$PR_{i,t}=\alpha+\beta_1 AIC_{i,t}+\beta_{1(-1)} AIC_{i,t-2}+\beta_{1(-2)} AIC_{i,t-3}\beta_{1(-3)} AIC_{i,t-3} +\beta_2 S_{i,t}+\beta_3 CR3_{i,t}+\beta_4 Z_{i,t}+\beta_5 LEV_{i,t}+e_{i,t} \quad (5-6)$$

表 5-8 和 5-9 分别是因变量分别为 *ROA*、*PR* 的面板回归分析结果，与模型 1 相比较，从模型 2—模型 5 可以看出，随着对架构创新能力滞后期间的增加，其回归系数逐步提升。这表明当期的架构创新能力还会影响到未来几期经营绩效，当期的经营绩效受到前几期架构创新能力的影响，因此存在着架构创新能力的累积性。因此假设 H2b 得证。

表 5-8　假设 H2b 的实证分析结果(因变量：*ROA*)

变　量	模型 1	模型 2	模型 3	模型 4	模型 5
AIC	−0.093 854*** (−4.787 398)				−0.048 552 (−0.771 411)
AIC(−1)		−0.079 328*** (−3.079 717)			−0.029 456 (−0.367 651)
AIC(−2)			−0.059 109 (−1.538 304)		−0.161 400** (−1.938 024)
AIC(−3)				0.071 971 (1.175 738)	0.168 368** (2.303 501)
S	1.042 855* (1.790 899)	0.668 166 (1.000 066)	1.541 067* (1.671 562)	−0.711 066 (−0.372 002)	1.780 042 (0.822 930)
*CR*3	−0.005 153 (−0.172 868)	−0.058 322 (−1.497 969)	−0.057 251 (−1.091 956)	−0.167 366** (−2.083 283)	−0.208 181*** (−2.560 496)
Z	−0.001 762 (−0.151 654)	−0.003 422 (−0.258 332)	0.000 938 (0.054 906)	0.006 508 (0.220 645)	−0.002 105 (−0.071 922)
LEV	0.003 330 (0.135 759)	0.012 127 (0.392 029)	−0.078 402* (−1.665 723)	−0.064 192 (−1.019 497)	−0.060 257 (−0.915 223)
R^2	0.795 561	0.803 467	0.807 673	0.892 317	0.901 279
F-statistic	14.490 45	11.350 17	7.680 605	7.305 232	7.396 077

续 表

变 量	模型 1	模型 2	模型 3	模型 4	模型 5
Prob(F-statistic)	0.000 000	0.000 000	0.000 000	0.000 000	0.000 000
Hausman 检验	固定效应	固定效应	固定效应	固定效应	固定效应

注：***、**、* 分别表示 1%、5%、10%的显著性水平，括号内为 T 值；Hausman 检验：是根据 p 是否大于 0.05 来决定采用随机效应模型还是固定效应模型；本表未报告常数项。

表 5-9 假设 H2b 的实证分析结果(因变量：*PR*)

变 量	模型 1	模型 2	模型 3	模型 4	模型 5
AIC	−0.061 990** (−2.112 519)				−0.213 105*** (−2.549 303)
AIC(−1)		0.018 816 (0.460 078)			0.082 871 (0.778 779)
AIC(−2)			0.061 940 (0.958 490)		−0.134 952 (−1.220 061)
AIC(−3)				0.106 492 (1.281 290)	0.210 942 (2.172 899)
S	0.830 672 (0.953 035)	−0.720 412 (−0.679 122)	−0.476 887 (−0.307 571)	0.385 992 (0.148 727)	4.220 636** (1.469 116)
*CR*3	−0.030 185 (−0.676 519)	−0.043 961 (−0.711 147)	−0.059 590 (−0.675 810)	−0.201 166* (−1.844 212)	−0.224 007** (−2.074 389)
Z	0.010 679 (0.614 125)	0.001 543 (0.073 349)	0.002 355 (0.081 962)	−0.020 711 (−0.517 127)	−0.030 679 (−0.789 376)
LEV	−0.113 275*** (−3.085 345)	−0.130 079*** (−2.648 405)	−0.200 187*** (−2.528 955)	−0.079 397 (−0.928 719)	−0.105 100 (−1.201 908)
R^2	0.767 856	0.765 324	0.754 825	0.897 940	0.910 468
F-statistic	12.316 74	9.054 110	5.630 823	7.756 256	8.238 288

续 表

变　量	模型 1	模型 2	模型 3	模型 4	模型 5
Prob(F-statistic)	0.000 000	0.000 000	0.000 000	0.000 000	0.000 000
Hausman 检验	固定效应	固定效应	固定效应	固定效应	固定效应

注：***、**、*分别表示1%、5%、10%的显著性水平，括号内为T值；Hausman检验：是根据 p 是否大于0.05来决定采用随机效应模型还是固定效应模型；本表未报告常数项。

3. 假设 H2c 的检验

假设 H2c 的检验模型为式 5-7 和式 5-8：

$$ROA_{i,t}=\alpha+\beta_1 RDI_{i,t}+\beta_{1(-1)}RDI_{i,t-2}+\beta_{1(-2)}RDI_{i,t-3}\beta_{1(-3)}RDI_{i,t-3}+\beta_2 S_{i,t}+\beta_3 CR3_{i,t}+\beta_4 Z_{i,t}+\beta_5 LEV_{i,t}+e_{i,t} \tag{5-7}$$

$$PR_{i,t}=\alpha+\beta_1 AIC_{i,t}+\beta_{1(-1)}AIC_{i,t-2}+\beta_{1(-2)}AIC_{i,t-3}\beta_{1(-3)}AIC_{i,t-3}+\beta_2 S_{i,t}+\beta_3 CR3_{i,t}+\beta_4 Z_{i,t}+\beta_5 LEV_{i,t}+e_{i,t} \tag{5-8}$$

回归分析的结果见表5-10和5-11。从中可以看出，当期的 *RDI* 投入对 *ROA* 和 *PR* 均产生1%显著性条件下的负效应，回归系数分别为−1.542 072和−1.893 759。这表明当期的研发投入对当期的 *ROA* 和 *PR* 具有显著性的负面影响。滞后一期 *RDI*(−1)的系数分别是−0.416 554和0.317 833，表明滞后一期的研发投入对 *ROA* 产生显著性的负面影响，对 *PR* 则产生了不显著的积极影响。滞后二期 *RDI*(−2)对 *ROA* 和 *PR* 具有显著性的积极影响，滞后三期 *RDI*(−3)也对 *ROA* 和 *PR* 具有显著性的积极影响。从模型5也可以看出，滞后期的研发投入对 *ROA* 和 *PR* 开始产生正面影响，具有一定的时间滞后性。基于此，假设 H2c 得以验证。

表5-10　假设 H2c 的实证分析结果(因变量：*ROA*)

变　量	模型 1	模型 2	模型 3	模型 4	模型 5
RDI	−1.542 072*** (−7.720 327)				−0.499 078 (−1.188 671)

续 表

变 量	模型 1	模型 2	模型 3	模型 4	模型 5
RDI(−1)		−0.416 554* (−1.556 829)			0.804 064 (1.286 415)
RDI(−2)			0.950 334** (2.456 554)		0.613 762 (1.220 762)
RDI(−3)				1.112 355** (1.932 010)	0.625 061 (1.007 525)
S	−0.438 520 (−0.938 347)	−0.275 217 (−0.455 743)	0.962 155 (1.143 348)	−0.121 611 (−0.075 129)	−0.236 826 (−0.148 318)
*CR*3	−0.017 470 (−0.621 220)	−0.052 947 (−1.331 154)	−0.027 002 (−0.520 384)	−0.174 747 (−2.228 628)	−0.094 439 (−1.071 811)
Z	−0.009 698 (−0.900 566)	−0.012 104 (−0.913 101)	0.007 702 (0.448 076)	−0.002 614 (−0.091 856)	0.022 781 (0.744 596)
LEV	0.011 673 (0.502 831)	0.012 076 (0.381 712)	−0.067 581 (−1.454 359)	−0.079 001 (−1.260 557)	−0.089 627 (−1.305 573)
R^2	0.817 451	0.796 965	0.812 537	0.895 895	0.903 500
F - statistic	16.674 59	10.897 77	7.927 366	7.586 612	7.584 986
Prob(F - statistic)	0.000 000	0.000 000	0.000 000	0.000 000	0.000 000
Hausman 检验	固定效应	固定效应	固定效应	固定效应	固定效应

注：***、**、* 分别表示 1%、5%、10%的显著性水平，括号内为 T 值；Hausman 检验：是根据 p 是否大于 0.05 来决定采用随机效应模型还是固定效应模型；本表未报告常数项。

表 5-11　假设 H2c 的实证分析结果(因变量：*PR*)

变 量	模型 1	模型 2	模型 3	模型 4	模型 5
RDI	−1.893 759*** (−6.347 473)				−1.235 121** (−2.348 537)

续 表

变 量	模型 1	模型 2	模型 3	模型 4	模型 5
RDI(−1)		0.317 833 (0.761 093)			1.323 957* (1.691 059)
RDI(−2)			2.441 453*** (3.888 251)		1.449 486** (2.301 651)
RDI(−3)				1.770 459** (2.284 104)	0.669 919 (0.862 085)
S	−0.153 288 (−0.219 598)	−0.495 474 (−0.525 694)	−0.007 515 (−0.005 502)	1.189 413 (0.545 799)	0.984 894 (0.492 433)
*CR*3	−0.060 684 (−1.444 675)	−0.039 922 (−0.643 089)	−0.021 305 (−0.252 971)	−0.211 598** (−2.004 481)	−0.051 518 (−0.466 783)
Z	0.007 182 (0.446 545)	0.004 221 (0.204 015)	0.026 355 (0.944 644)	−0.034 462 (−0.899 611)	0.019 689 (0.513 786)
LEV	−0.101 796*** (−2.935 824)	−0.133 426 (−2.702 122)	−0.187 619*** (−2.487 580)	−0.104 099 (−1.233 790)	−0.102 871 (−1.196 319)
R^2	0.793 583	0.765 732	0.777 415	0.902 993	0.922 161
F - statistic	14.315 93	9.074 700	6.387 886	8.206 186	9.597 550
Prob(F - statistic)	0.000 000	0.000 000	0.000 000	0.000 000	0.000 000
Hausman 检验	固定	固定	固定	固定	固定

注：***、**、*分别表示1%、5%、10%的显著性水平，括号内为T值；Hausman检验：是根据 p 是否大于0.05来决定采用随机效应模型还是固定效应模型；本表未报告常数项。

（三）假设3的检验

根据第四章振华重工的案例研究，笔者发现在架构创新能力的动态演进中，探索和利用的双元性能力是比较低级的架构创新能力，自主建构的产品架构设计能力是比较高级的架构创新能力，网络规划与构建能力、网络治理能力则是更高级的架构创新能力。假设H3的检验用于比较探索与利用的双元性能力（AC）、产品架构设计能力（PAC）、网络规划与构建能力（NBC）和网络治理能力（NGC）四个变量在回归分析中系数的大小。

假设 H3a 的检验模型为：

$$GVC_{i,t}=\alpha+\beta_1 AC_{i,t}+\beta_2 PAC_{i,t}+\beta_3 NBC_{i,t}+\beta_4 NGC_{i,t} +\beta_5 S_{i,t}+\beta_6 CR3_{i,t}+\beta_7 Z_{i,t}+\beta_8 LEV_{i,t}+e_{i,t} \quad (5-9)$$

假设 H3b 的检验模型为：

$$ROA_{i,t}=\alpha+\beta_1 AC_{i,t}+\beta_2 PAC_{i,t}+\beta_3 NBC_{i,t}+\beta_4 NGC_{i,t} +\beta_5 S_{i,t}+\beta_6 CR3_{i,t}+\beta_7 Z_{i,t}+\beta_8 LEV_{i,t}+e_{i,t} \quad (5-10)$$

$$PR_{i,t}=\alpha+\beta_1 AC_{i,t}+\beta_2 PAC_{i,t}+\beta_3 NBC_{i,t}+\beta_4 NGC_{i,t} +\beta_5 S_{i,t}+\beta_6 CR3_{i,t}+\beta_7 Z_{i,t}+\beta_8 LEV_{i,t}+e_{i,t} \quad (5-11)$$

模型的回归分析结果见表 5－12。从模型 1 可以看出探索与利用的双元性能力（AC）、产品架构设计能力（PAC）、网络规划与构建能力（NBC）和网络治理能力（NGC）四个自变量的回归系数分别为 0.010 456、0.239 440、0.281 375、0.304 951。除了 AC 变量回归系数不显著外，其他三个变量的回归系数都在 1%水平上显著，且系数依次增大。这表明双元性能力（AC）、产品架构设计能力（PAC）、网络规划与构建能力（NBC）和网络治理能力（NGC）对全球价值链地位指数的影响逐渐增大，假设 H3a 得以验证。模型 2 和模型 3 则没有这种严格的系数递增关系，回归分析结果不能支持假设 H3b。

表 5－12　假设 H3 的实证分析结果

变　量	模型 1（因变量：GVC）	模型 2（因变量：ROA）	模型 3（因变量：PR）
AC	0.010 456 (0.308 347)	0.081 915*** (3.288 647)	0.163 842*** (5.431 137)
PAC	0.239 440*** (3.548 738)	−0.104 935*** (−3.873 117)	−0.061 432** (−1.872 181)
NBC	0.281 375*** (4.258 623)	0.060 514 (1.463 127)	0.087 539** (1.747 592)
NGC	0.304 951*** (4.196 203)	0.043 799 (1.140 874)	−0.030 812 (−0.662 672)

续 表

变 量	模型 1 （因变量：*GVC*）	模型 2 （因变量：*ROA*）	模型 3 （因变量：*PR*）
S	0. 415 996 (1. 366 415)	0. 786 002*** (3. 176 759)	−0. 382 890 (−1. 277 750)
*CR*3	−0. 019 788 (−1. 280 407)	0. 027 807* (1. 874 911)	−0. 009 369 (−0. 521 618)
Z	−0. 001 908 (−0. 313 904)	−0. 002 587 (−0. 281 211)	0. 018 350* (1. 647 033)
LEV	0. 012 807 (1. 004 630)	−0. 102 062*** (−6. 715 522)	−0. 212 581*** (−11. 549 15)
R^2	0. 996 995	0. 307 073	0. 484 864
F - statistic	1 175. 971	19. 443 37	41. 296 61
Prob(F - statistic)	0. 000 000	0. 000 000	0. 000 000
Hausman 检验	固定效应	混合效应	混合效应

注：***、**、*分别表示 1%、5%、10%的显著性水平，括号内为 T 值；Hausman 检验：是根据 p 是否大于 0. 05 来决定采用随机效应模型还是固定效应模型；本表未报告常数项。

五、比亚迪架构创新的“能力、时间、空间”三维立体式分析

创立于 1995 年的比亚迪，仅用 10 年时间，2004 年就成为全球镍铬电池排名第一，锂离子电池排名第二，镍氢电池排名第三的电池大王。2002 年比亚迪重组北京吉驰汽车模具公司开始布局汽车产业。2003 年比亚迪收购西安秦川公司，正式进军汽车制造领域。2016 年，比亚迪三大产业中汽车产业约占总营业额的 55%，是比亚迪发展的支柱性产业。截至 2017 年底，比亚迪汽车累计销量已突破 450 万辆。2018 年 1 月 9 日，比亚迪生产的第 30 万辆新能源汽车下线，比亚迪成为国内最早达到新能源汽车 30 万辆产销规模的企业。2017 年，比亚迪新能源汽车销量达到 113 669 辆，连续三年蝉联全球新能

源汽车销量冠军，在全球新能源汽车市场的占有率攀升至13%左右。根据第四章对汽车产业上市公司架构创新能力的评估，笔者发现2012—2016年比亚迪公司的架构创新能力持续提升，在72家汽车产业上市公司中基本上位居前10名（见表5-13）。

表5-13 2012—2016年比亚迪架构创新能力评估

	架构创新转化能力	架构创新投入能力	架构创新产出能力	架构创新能力	排名
2012年	0.494 74	1.087 17	0.876 08	68.038 11	9
2013年	0.541 07	1.070 08	1.379 3	78.469 66	8
2014年	0.761 72	1.823 81	0.428 38	93.544 05	8
2015年	0.991 85	0.792 2	0.582 06	88.528 76	10
2016年	0.885 88	0.709 92	1.561 19	95.410 06	12

资料来源：根据第四章的数据整理所得。

（一）比亚迪架构创新进程分析

2003年才进入汽车行业的比亚迪就像一匹大黑马，凭借步步为营的架构创新战略后发先至，在新能源汽车行业实现了弯道超车和全球价值链地位的提升。比亚迪架构创新的进程可以分为四个阶段：垂直整合架构模式萌芽阶段（2003—2004年）、垂直整合架构模式形成阶段（2005—2012年）、垂直整合架构模式成熟阶段（2013—2016年）和垂直整合架构模式向开放式模块化整合架构模式转变阶段（2017年至今）。

1. 垂直整合架构模式萌芽阶段（2003—2004年）

2003年到2004年是比亚迪汽车产业垂直整合架构模式萌芽阶段。在这个阶段发生的里程碑事件所代表的架构创新能力提升和空间拓展方面的分析见表5-14。

2. 垂直整合架构模式形成阶段（2005—2012年）

2005年到2012年是比亚迪汽车产业垂直整合架构模式的形成萌芽阶段。在这个阶段发生的里程碑事件所代表的架构创新能力提升和空间拓展方面的分析见表5-15。

表 5-14　比亚迪垂直整合架构模式萌芽阶段的三维分析

年份	里 程 碑 事 件	能力维	空　间　维
2003	1 月，收购西安秦川汽车公司，成立比亚迪汽车有限公司，营建西安生产基地	市场感知能力、技术感知能力、产业链网络构建能力	迅速在西安、深圳和北京等地陆续建立配套公司，形成辐射全国东（上海）、南（深圳）、西（西安）、北（北京）的全方位布局，以支撑比亚迪汽车的初期发展
	收购北京吉驰汽车模具		
	创建上海比亚迪工业园（占地 56 万平方米），同时把汽车销售总部迁到深圳		
2004	2 月，深圳比亚迪微电子有限公司成立		
	7 月，上海汽车检测中心竣工。该中心拥有国内一流的碰撞实验室、道路试验场、底盘实验室、综合环境实验室等		

资料来源：笔者根据调研及公开资料整理分析所得。

表 5-15　比亚迪垂直整合架构模式形成阶段的三维分析

年份	里 程 碑 事 件	能力维	空　间　维
2005	4 月 16 日，首款新车 F3 在西安正式下线，20 万辆产能的新生产基地正式落成。F3 上市后 10 个月内获得各类奖项 68 个。F3 以短短不到 20 个月的时间，强势突破了产销 10 万辆，创造了国内自主品牌最快产销突破 10 万辆的纪录	逆向研发丰田花冠等车型，是利用式创新能力提升的重要标志，意味着比亚迪已经掌握了传统汽车的产品架构；垂直整合架构的全产业链模式初步形成	瞄准国内低收入阶层的利基市场，F3 是一款价格低廉、畅销 10 余年的低能耗汽车，是后来比亚迪向中高端市场和新能源汽车进军的基石
	日本分公司成立。F3 开始出口马来西亚		开始布局海外
2006	6 月，纯电动轿车 F3e 研发成功。该车型搭载 ET-POWER 技术的铁动力电池，续航里程可达 350 千米	以 F3 为原型的 F3e 研发成功标志着比亚迪的探索式创新能力与利用式能力相结合的双元性能力取得了重大进步	因充电不方便以及用户对新能源汽车认可度偏低，参加过北京车展后就被束之高阁，并没有进行商业化生产

续　表

年份	里程碑事件	能力维	空间维
2006	开始出口乌克兰。印度分厂建立。与欧洲、非洲等国家和地区汽车贸易商正式签署汽车出口合作协议	产业链网络构建能力	标志着比亚迪的海外战略开始全面推进
2007	F3R 五省先期上市		市场拓展从点到面，逐渐铺开
2008	8 月 9 日，深圳现代化生产基地落成暨中高级轿车 F6 下线仪式。F6 荣获最佳(中国)首发新车、最具上海风尚奖、最佳设计轿车奖	标志着比亚迪汽车进军中高级轿车市场战略进入实施阶段	从低价的利基市场向主流市场拓展
	F6 获中国消费者最喜爱的汽车、年度最佳自主品牌轿车、最佳外观设计、西安车市总评榜年度最佳中高级汽车。比亚迪获 2008 中国最具创新力公司。F0 获最佳自主首发新车大奖、2008 中国(成都)车市总评榜最值得期待新车、2008 超级汽车年度微型轿车。F3 获中国(成都)车市总评榜最畅销车型、华鼎奖 2007 中国经济型轿车满意度调查第一名。F8 获中国汽车自主品牌英雄榜车型大奖最佳微型车		
	年底，世界第一款双模电动车——比亚迪 F3DM 在深圳率先上市	比亚迪 F3DM 作为全球第一款实现商业化的电动汽车，整合了汽车制造、电池技术、电机系统、车载电子技术等多项先进，被称为是节能、环保、时尚和科技的典范。F3DM 是比亚迪产品架构设计能力大幅度提升的重要标志，确立了比亚迪新能源汽车领导者地位	
	10 月收购宁波中纬，成立宁波比亚迪半导体有限公司	完善产业链，目的是获得新能源汽车电机驱动方面的技术优势	

续 表

年份	里程碑事件	能力维	空间维
2009	F3DM获年度节能环保车型先锋奖、年度汽车技术创新奖。F0和F6分获最佳微型汽车和最佳中高级汽车年度奖。比亚迪成为最佳可持续发展年度企业、年度自主品牌		
	7月26日，收购美的三湘客车厂，建设湖南新能源汽车生产基地	完善产业链，目的是获得客车生产资质	
	7月30日，巴菲特正式入股比亚迪，注册资本增2.25亿		引进国际的战略投资者，有利于进军国际市场
	8月，广东惠州磷酸铁锂电池生产基地建成	完善产业链，目的是解决锂电池原材料问题和提高电池技术成熟度。该生产基地担负着比亚迪电动车核心技术——锂电池的生产任务，由此可以进行锂电池的大规模生产	建成电动车电池生产基地，标志着比亚迪初步完成了电动车产业链的构建，自此，比亚迪在新能源汽车领域的产业化进程开始提速
2010	1月，纯电动汽车E6获准生证，开始上市。E6续驶里程超过300千米，动力电池和启动电池均采用了比亚迪自主研发生产的ET-POWER磷酸铁电池	这是一款纯电动跨界车，兼容了SUV和MPV的设计理念，是比亚迪纯电动汽车产品架构设计能力大幅度提升的重要标志	
	3月初，与国际豪车巨头奔驰合作开发电动汽车		创新链和产业链的国际化布局，为拓展国际市场做准备
	4月，收购日本荻原公司旗下汽车模具工厂——馆林工厂（主要生产发动机罩）	收购日本模具厂旨在提高技术水平，完善整车的系统设计能力	

续 表

年份	里程碑事件	能力维	空间维
2010	5月，E6纯电动出租车首批投放运营。E6作为深圳出租车运行60千米经受住考验，宣布品质过硬、全面上市；截至2013年底，先后在深圳投入公交运营800台E6		
	9月，在巴菲特、芒格、比尔·盖茨见证下，首台K9纯电动客车在湖南长沙基地下线。巴菲特成为比亚迪纯电动客车K9首名乘客	K9是比亚迪纯电动大巴产品架构设计能力大幅度提升的重要标志，意味着比亚迪已经掌握了新能源客车的车身、动力电池、轮边电机等关键技术和核心动力总成技术	比亚迪纯电动客车的国际范，有利于拓展欧美等发达国家市场
	10月，联合西藏金浩投资收购西藏日喀则扎布耶锂业22%股权	这次收购强化了比亚迪锂电池核心技术优势，使比亚迪有了成为新能源汽车制锂电池顶级供应商的可能	
2011	5月，首款SUV车型S6在湖南长沙首发上市。S6上市后4个月即成为自主品牌SUV销量第一的车型，上市8个月内在产能制约的情况下销售6万辆		向主流市场深化拓展，自主品牌汽车向高端进发：定位为中高端的自主SUV车型S6的畅销以及G6的推出改变了公司过度依靠主力车型F3的局面，给公司汽车业务带来强劲的增长动力
	9月，G6正式上市，采用了全新自主研发的1.5T涡轮增压发动机和6速双离合变速箱	G6采用直喷涡轮增压发动机以及双离合变速箱证明公司在传统汽车上也拥有一流的技术	

续 表

年份	里程碑事件	能力维	空间维
2011	7月,在中国香港科学园成立电动车研发中心,并与中国香港汽车零部件研发中心及中国香港生产力促进局就推动电动车发展制订合作计划,合作开发用于中国香港公共交通系统的电动车辆		积极布局海外市场
2012	8月21日,全新车型比亚迪速锐正式上市。速锐最大亮点就是全球领先的“遥控大玩具车”以及“涡轮加压发动机”,动力非凡		
	10月,E6进入英国市场		开拓英国市场
	12月11日,与保加利亚Bulmineral公司正式签约。双方宣布以50∶50的比例成立电动大巴合资公司(Auto Group Motors)		这是欧洲第一个电动大巴合资公司,也是比亚迪在海外成立的第一个电动车合资公司

资料来源:笔者根据调研及公开资料整理分析所得。

3. 垂直整合架构模式完善阶段(2013—2016年)

2013年到2016年是比亚迪汽车产业垂直整合架构模式的完善阶段。在这个阶段发生的里程碑事件所代表的架构创新能力提升和空间拓展方面的分析见表5-16。

表5-16 比亚迪垂直整合架构模式萌芽阶段的三维分析

年份	里程碑事件	能力维	空间维
2013	1月,正式获得欧盟WVTA整车认证		标志着比亚迪电动大巴获得在欧盟国家开展无限制自由销售权的“入场券”,不仅助推了比亚迪在欧洲的电动大巴业务,而且带动了其他车型的出口。之后电动大巴K9与电动汽车E6在欧洲、北美、南美及亚洲全面推广
	5月,正式宣布在美国兰开斯特成立两家生产工厂,专注于铁电池及电动大巴的生产		

续 表

年份	里程碑事件	能力维	空间维
2013	“542”战略重新定义电动汽车标准(百米加速5秒内、全时四驱、百千米油耗2升),并承诺将新能源汽车做到全领域覆盖	以“542”标准引领新能源汽车产业发展	
2014	3月与上海先进半导体正式开始紧密合作。短短一年时间在1 200 V平台上成功开发了2个产品并通过了全套汽车级可靠性标准测试,开始装车试用		
	6月9日,在持续行驶2.4万千米、经历了116天的“锤炼”后,通过了被美国联邦运输管理局(FTA)称为“魔鬼测试”的Altoona测试。比亚迪K9成为史上第一台完成该测试的12米纯电动大巴	技术创新和产品品质是比亚迪成功打入美国市场的关键	通过Altoona测试,为比亚迪获取美国订单扫除了法律障碍。随后比亚迪纯电动大巴在美国开始畅销。到2017年底,美国公交大巴总辆约为4 000辆,其中纯电动大巴的80%是比亚迪生产的
	7月,巴西坎皮纳斯市政府与比亚迪共同宣布,比亚迪将在巴西投资设立首座电动大巴工厂,同时设立研发中心和原型车制造中心		这是比亚迪在拉美的第一家工厂,奠定了立足巴西开拓拉美市场的基础
	2014年,全新的检测基地投入运营,可进行电磁兼容、安全碰撞、分系统功能验证等检测项目	意味着比亚迪的产品将会比以往更加重视车辆安全和驾乘舒适性	
	12月30日,全球最大动力电池生产基地在深圳投入运行。比亚迪坑梓动力电池项目采用最先进的全自动化生产线,具有高精度、高速度、高智能化等特点,确保电池生产过程中智能自动化的精密控制,保证电池生产的一致性要求	全自动化生产线意味在新形势下比亚迪已经放弃来原来的“手工+夹具”的模式。产业链进一步完善。整条生产线的关键性工序装配了业内最先进的生产设备,同时也配置了由比亚迪自主研发的自动装配线,代表了比亚迪当前装备技术的最高水平	

续 表

年份	里程碑事件	能力维	空间维
2015	2月，纯电动大巴 K9 登陆日本京都。4月，斩获美国长滩运输署 60 辆纯电动大巴订单，创美国最大纯电动大巴订单纪录。10月，在伦敦一举拿下高达 6.6 亿英镑纯电动大巴订单	成为首个成功进入日本市场的中国汽车品牌	在新能源汽车的细分市场——纯电动大巴领域迅速扩张
	4月，发布新能源车“7＋4”全市场战略布局：“7”代表 7 大常规领域，即城市公交、出租车、道路客运、城市商品物流、城市建筑物流、环卫车、私家车；“4”代表 4 大特殊领域，即仓储、矿山、机场、港口		试图把将交通运输行业的电动化进行到底，市场空间进一步拓展
	8月，上海先进通过审核，正式进入比亚迪新能源汽车用 IGBT 的供应链	获得核心零部件	
	9月，杭州生产基地正式投产，主要生产车型包括 K6、K8、K9 等纯电动客车	主要的纯电动客车出口基地	
	2015 年以全球新能源汽车市场约 11％的市占率力压特斯拉，位居榜首，成为全球最大新能源汽车企业		
2016	3月，在奔驰·戴姆勒公司的汉斯·柯克正式加盟比亚迪。在奔驰戴姆勒任职的 20 年里，汉斯先后负责奔驰和 Smart 一系列车型的底盘开发和调校，是名副其实的底盘系统、转向系统的研发和调校专家	旨在提升比亚迪的整车品质，力求打造以安全为前提、舒适为主、兼顾驾驶乐趣的底盘	有利于开拓国际市场
	2016 年 4 月，继唐和宋之后，第三款王朝系列 SUV 在北京上市，新车填补了比亚迪在小型 SUV 细分市场的空白		

续　表

年份	里程碑事件	能力维	空间维
2016	6月21日，发布公告称，青海盐湖股份、深圳宏达同实业签署《盐湖锂资源开发合作框架协议》，各方通过优势互补就盐湖锂资源开发开展战略合作	产业链的垂直整合，强强联手拓展上游锂资源，保障锂电产能原料供应，打破了由天齐锂业和赣锋锂业垄断碳酸锂的行业格局	
	10月10日，宣布在匈牙利科马隆建电动大巴工厂，从而正式进入欧洲市场	在欧洲投资的第一家独资工厂	加大对欧洲市场的投资，有利于提高品牌知名度
	2016年底，前奥迪设计总监艾格加盟比亚迪。艾格于2007—2014年期间任职奥迪集团设计总监，其代表作包括Q7、R8、奥迪TT	车型外观是比亚迪长久以来的痛点，艾格给公司乘用车产品设计带来全新突破与变革。自此比亚迪新车型外观设计开始明显提高	具有中国元素的国际化设计有利于深耕国内市场和开拓国际市场
	包揽2016年新能源汽车乘用车销量排行前三名。唐和秦两款插电混合动力乘用车型分别占据2016年全国乘用车销量排行榜前两名。就纯电动力型而言，比亚迪E6和E5分别位列销量排行榜第3位和第9位。再加上秦EV全年10 656辆的销量，公司仅在纯电动力的3款车型就占据了超过14%的市场份额。2016年纯电动大巴销量超1万辆，同比增速高达120.68%，市场份额大幅提升	在新能源汽车行业的领导地位确立	

资料来源：笔者根据调研及公开资料整理分析所得。

4. 垂直整合架构模式向开放式模块化整合架构模式转变阶段（2017年至今）

从2017年至今是比亚迪汽车产业垂直整合架构模式向开放式模块化整合架构模式转变的阶段，原来垂直一体化的架构创新模式逐渐瓦解。在这个阶段发生的里程碑事件所代表的架构创新能力提升和空间拓展方面的分析见表 5 - 17。

表 5 - 17　比亚迪垂直整合架构向开放式模块化整合架构模式转变阶段的三维分析

年份	里 程 碑 事 件	能力维	空　间　维
2017	2 月 28 日，发布“电动·未来”计划，联合各领域有实力、有环保责任感的优质企业，聚焦新能源汽车消费者在购买、使用过程中的“痛点”，在产品、技术、配套、便利性、延展服务等全价值链领域上为用户解决问题、创造价值，构建全产业链联合的“电动·未来”生态圈	试图打造开放式的价值链生态系统	开始从封闭走向开放
	3 月 23 日，宣布在欧洲的核心法国博韦市投资 1 000 万欧元建设阿洛讷工厂	比亚迪继自己在美国、巴西、匈牙利的工厂之后建设的第四座海外大巴工厂	在欧洲建立的第二座电动大巴厂，这是中国汽车企业在欧洲腹地建立新能源汽车的第一次
	4 月，位于巴西圣保罗州坎皮纳斯市的太阳能工厂正式投产，宣布将实现电动大巴底盘制造本地化，将在巴西打造绿色能源产业闭环，提供从发电到用电完全本地化的整体新能源解决方案		
	5 月 8 日，高级副总裁李柯女士与厄瓜多尔工业生产部部长 Santiago León 先生正式签署 MOU，宣布将在当地投资建设纯电动大巴工厂，以进一步加强双方在新能源领域的合作		这是比亚迪计划在南美洲建立的第二座电动大巴工厂，也是比亚迪第五座海外大巴工厂
	5 月，旗下电池业务被拆分并独立经营。在此前比亚迪电池主要用于内部供应，比亚迪电池的对外销售是其电池业务拆分的重要一步，意味着今后比亚迪电动汽车的竞争对手也会成为其电池业务客户	比亚迪垂直整合架构模式开始被打破，比亚迪开始把有核心技术的动力电池模块向整个新能源汽车市场供货	

续 表

年份	里程碑事件	能力维	空间维
2017	9月25日，全新MPV车型宋MAX正式上市。推出搭载1.5T涡轮增压发动机的共计6款车型，其售价区间为7.99万—11.99万元，上市40天订单就突破20 000辆，带动了比亚迪全系车型的热销。宋MAX主打高配置，为搭载汽车智慧互联系统的代表车型	这是首款融合设计师艾格全新设计理念的量产车型。自上市以来，市场反响强烈、需求强劲。2017年9—12月销量分别为474辆、4 045辆、10 265辆、15 606辆。2018年1月销量继续保持在1.5万辆之上	
	10月30日发布公告，与佛吉亚(中国)设立合资公司。其中，比亚迪出资2.28亿元，占比30%。佛吉亚拟出资5.32亿元，占比70%。合资公司成立后，将收购比亚迪座椅业务，并为公司供应座椅系统	剥离座椅业务，标志着比亚迪从封闭的垂直一体化的架构模式向模块化再整合的架构模式改变。通过与佛吉亚合作，公司将弥补内饰件短板，提升设计与品质，向合资车型靠拢；以参股形式，公司既能够保证供应链的持续和稳定，同时降低外协成本	电动汽车行业垂直整合红利已见底。比亚迪通过裁撤、合并事业部等方式，逐步将建立多年的垂直整合体系逐步拆解，向开放供应链模式转变
	2017年，累计售出新能源汽车113 669辆，同比增长13.4%。实现营业收入1 058.95亿元，同比增长2.34%；归属于上市公司股东的净利润40.57亿元，同比下降19.7%。2017年比亚迪新能源汽车总销量连续第三年全球排名第一，但与第二名(北汽)和第三名(特斯拉)的差距非常小，仅为6 000辆。从全球新能源汽车车型排行榜来看，比亚迪仅有宋DM插电混动车型上榜，排在第九位	与竞争对手相比，比亚迪的速度开始下降。2017年比亚迪宋DM插电混动销售30 920辆，远远落后于排名第一的北汽EC系列的78 079辆，被后来者赶超。这显示出比亚迪长期以来形成的垂直整合的架构模式的红利已经不再	海外布局已经扩展至美国、日本、英国、巴西、荷兰、澳大利亚等50个国家和地区、超过200个城市

续　表

年份	里 程 碑 事 件	能力维	空　间　维
2018	1 月 9 日，第 30 万辆新能源汽车下线，比亚迪成为国内最早达到新能源汽车 30 万辆产销规模的企业。同时宣布 E5、秦 EV、宋 EV 这三款纯电动车型均会换上全新的三元锂电池组。这种电池有着能量密度高、低温性能好、放电倍率高等优点。每款车的 NEDC 综合续航会提升至 400—500 千米。比亚迪承诺电芯终身质保	承诺电芯终身质保是比亚迪对自已技术的自信。从技术路线来看，比亚迪正逐步形成磷酸铁锂与三元电池双向并举的格局	截至 2018 年 2 月底，比亚迪新能源车已覆盖 13 万到 30 万元的中高端市场

资料来源：笔者根据调研及公开资料整理分析所得。

（二）比亚迪架构创新能力成长分析

从前面比亚迪发展的历程来看，自 2003 年比亚迪进入汽车领域以来，其架构创新主要经历了从传统汽车制造厂商的垂直分工模式向垂直整合架构模式的创新（2003—2016 年），进而在 2007 年通过电池业务分拆、座椅业务分拆等举措，开始打破相对封闭的垂直整合架构模式，向模块化再整合的架构模式迈进（见图 5－1）。

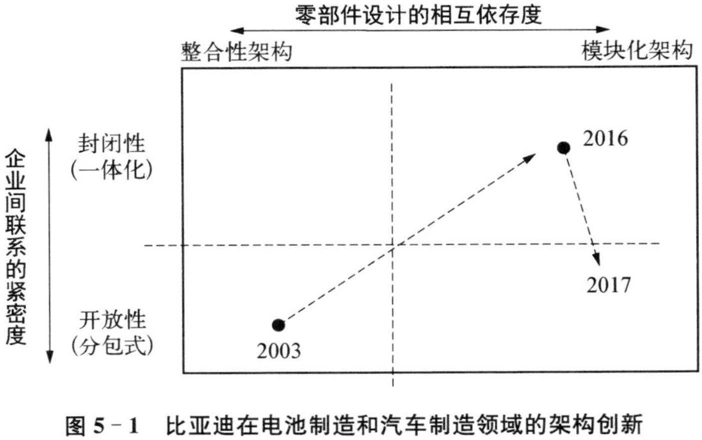

图 5－1　比亚迪在电池制造和汽车制造领域的架构创新

资料来源：笔者根据研究绘制。

1. 市场感知与新技术感知能力

2003年，比亚迪在电池领域发展如日中天，成为全球第二大充电电池生产商，但比亚迪创始人王传福，敏锐地把视角转向了电动汽车领域。当时，王传福就深刻地意识到：世界将进入一个电动车时代，内燃机时代即将走向结束，电动车对传统汽车的冲击将像“电子表对机械表的冲击”一样强烈。王传福深刻地意识到所有内燃发动机汽车生产厂所运用的那些技术将被终结，如四轮驱动技术、变速箱技术、燃油喷射技术等将变得毫无用处，因为电动汽车并不需要这些东西。这对于全球燃油汽车产业而言，无疑是一次颠覆性的革命。正是这种对市场和新兴技术敏锐的感知能力，使王传福顶住股东、基金等利益相关者的质疑①，下定决心进军汽车产业。随后，王传福超前地盯上了太阳能，构筑太阳能、以太阳能电池为主的储能以及电动车这三大梦想，进一步丰富了比亚迪“成就梦想”(Build Your Dreams)品牌的内涵。自2008年开始，比亚迪相继成功推出F3DM、E6、秦、唐100、宋DM、宋EV以及纯电动巴士K9系列等新能源汽车。随着国家和地方政府大力扶持新能源政策的东风，比亚迪迅速成长为新能源汽车产业的领军企业。成功的背后隐含着比亚迪超强的市场感知能力和新技术感知能力，对于电动汽车产业的未来发展具有高瞻远瞩的判断力。

2. 利用式创新能力

在成熟的传统汽车产业领域，大多数零部件、模块或生产环节都已经拥有了相当成熟的技术和工艺。比亚迪采用低成本的逆向创新的方式，迅速地掌握了整车研发设计和零部件模具的自主开发，这是比亚迪垂直整合模式成功的关键(朱瑞博、刘志阳和刘芸，2011)。在技术研发模式上，比亚迪奉行“分解研发”模式(叶青和肖素均，2009；杨桂菊和刘善海，2013)，即“核心技术＝拆分国外产品学习原理和特性30%＋从公开文献筛选合适的非专利技术60%＋原材料5%＋自身的研究5%”。比亚迪早期开发的经典车型F3就是利用式创新的结晶。通过创造性模仿，直接模仿竞争对手丰田花冠的产品设计。丰

① 2002年前后，以合资企业为主的中国汽车业取得了丰厚的利润，这激发了一股强烈的“造车冲动”。家电业、手机业、烟草业等行业的巨额资本像潮水一般进军汽车产业，美的、奥克斯、格林柯尔、波导等诸多企业纷纷投入巨资进军汽车产业。已于2002年7月在香港上市的比亚迪股份受到股东、基金、投资者等利益相关者的压力非常大。2003年1月比亚迪宣布收购西安秦川汽车公司后，市场开始“用脚投票”。2003年1月24日一开市，比亚迪股价从18港元急跌至14.45港元，最低达12.5港元。后来，比亚迪的股价遭到腰斩，下降了9元多。

田花冠是连续33年夺得日本国内汽车销量冠军的车型,出色的销量背后是成功的外观与系统设计。通过模仿这款经典车型,F3提升了经济型中级车的配置标准。同时,大范围垂直整合的制造模式大幅度降低了产品的成本,使F3售价直降到7万元区间。此外低能耗的F3堪称性价比典范。F3成功奠定了比亚迪汽车发展的基础。在F3这款低能耗畅销车型的基础上,比亚迪后续开发了包括F3e在内的大量新车型。

3. 探索与利用的双元性能力

以F3为原型的F3e研发成功标志着比亚迪的探索式创新能力与利用式能力相结合的双元性能力取得了重大进步。F3e是一款纯电动汽车,搭载了ET-POWER技术的铁动力电池,一次充电能够行使350千米,百千米行驶耗电12度,续航里程达350千米,实现了零污染、零排放、零噪声的三无目标。但因充电等基础设施不匹配以及用户对电动汽车认可度不高,F3e研发出来之后仅参加过北京车展后就被束之高阁,并没有进行商业化生产。

4. 产品架构设计能力

F3DM、E6和K9的相继开发成功标志着比亚迪的产品架构设计能力已经达到较高的水准。F3DM是全球第一款上市的不依赖专业充电站的双模电动车。DM双模系统采用了控制发电机和电动机两种混合力量相结合的技术,用户通过按键,就可以使车辆在纯电动(EV)和混合动力(HEV)两种模式之间自由切换。F3DM是中国第一款完全自主技术的双模式混合动力车,早于2009年面世的丰田新一代可插电式普锐斯。E6是比亚迪自主研发的一款纯电动跨界车,它兼容了SUV和MPV的设计理念,续驶里程超过300千米。K9是比亚迪的首款纯电动客车,采用了多项比亚迪自主研发的先进技术。K9车载动力为公司自主生产的铁电池,行驶过程中完全无污染,该铁电池所含的化学物质均可回收,绿色环保;车顶放置太阳能电池板,在行驶过程中可提供辅助续航动力;底盘配置优质悬架,设计工艺独特,运行过程中噪声小;同时,操作系统中装配了大量高科技装置,性能优越。F3DM、E6和K9这三款经典车型的开发成功意味着比亚迪已经掌握了新能源汽车的车身、动力电池、轮边电机等关键技术和核心动力总成,是比亚迪产品架构设计能力大幅度提升的重要标志。

5. 网络规划与构建能力

凭借从电池领域传承过来的低成本垂直整合模式,比亚迪汽车从早期发展开始就迅速打造了封闭的垂直整合模式,形成了完整的新能源汽车产业链。

比亚迪通过集中优势资源研发和制造新能源汽车，强有力地控制零部件的质量和成本，并以此来抢占市场份额，逐步成为中国新能源汽车发展的主要引领者，其网络规划与构建能力非常强。但是，随着新能源汽车产业技术路线的逐步确定，产品模块化的趋势日益凸显。相对封闭的垂直整合模式使整车制造只能选择自家零部件，限制了其在产品品质及成本方面的选择。同时，生产模块化的零部件子公司，因无法参与外部的市场竞争，发展规模难以迅速提升，成本优势难以发挥。例如在动力电池领域，2017 年全国动力电池总装机量 36.24 吉瓦时。其中，宁德时代为 10.4 吉瓦时，市场份额为 28.7%，成为国内动力电池企业的销量冠军。比亚迪屈居第二位，动力电池总装机量为 5.43 吉瓦时，占据国内动力电池市场份额的 15%①。基于这些变化，2017 年，比亚迪垂直整合的架构模式开始瓦解，向模块化的再整合架构模式转变。

更重要的是，比亚迪动力电池迟迟不对外销售，恐怕会丧失在电动汽车产业形成的优势。在电动汽车领域，模块化的核心是基于标准模块化电池系统平台。如果比亚迪能够基于自己在电池、电机和电控系统三大核心的技术能力，着眼于电动汽车产业发展的重大瓶颈问题，搭建一个集电池、电池管理系统、车架于一体的底盘构架，使之成为安全、可靠的标准化的模块系统，比亚迪就可以基于这一个核心平台，厚植自己的竞争优势，成为为全球新能源整车企业提供核心零部件的系统供应商，进而极大地创造价值并获取价值，攀登上全球新能源汽车产业价值链的战略制高点。

6. 网络治理能力

比亚迪通过收购、自建、合资、技术合作等形式迅速构建了比较完整的价值链生态网络，但在网络治理中还有待进一步提升。例如 2010 年收购日本狄原公司馆林模具工厂后，因在模具开发的技术和理念两个方面存在较大差异，较长期内日方与中方技术人员的融合学习过程比较艰难（欧阳桃花，2012），并没有达到收购馆林模具厂的预定目标。

7. 持续的研发投入是比亚迪架构创新能力提升的关键

秉持“技术为王、创新为本”的理念，长期保持高研发投入，比亚迪的研发能力持续提升。截至 2016 年底，比亚迪全球累计申请专利超过 1.8 万项，其中已被授权专利超过 1.2 万项。随着架构创新能力的提升，比亚迪逐步形成了具有自身特色和国际水平的技术开发平台，全面掌握了传统车技术和电动

① 5.43 吉瓦时的动力电池总装机量不包括比亚迪自产自销的部分。

车的电池、电机、电控技术。2008—2016年比亚迪共计投入了239.45亿元研发经费，平均研发密度为4.72%，有些年份研发经费甚至超过了营业利润，即使是在2012年、2014年亏损时期，比亚迪仍然分别投入了25.76、36.80亿元研发经费(见表5-18)。持续的研发投入推动了比亚迪架构创新能力的提升。

六、结论：成熟产业"利基市场—架构创新—新产业标准"的攀登机制

72家汽车产业上市公司的定量研究表明，架构创新能力对全球价值链地位提升具有显著的正向促进效应。架构创新能力越强，企业在全球价值链中的地位越高，企业绩效越好。具有较强架构创新能力的企业，其全球价值链地位和公司绩效要明显高于具有较弱架构创新能力的企业。架构创新能力对企业全球价值链地位指数提升、企业绩效(总资产报酬率、净利润率)具有一定的滞后效应。研发投入力度对企业绩效(总资产报酬率、净利润率)具有一定的滞后效应。越强的架构创新能力越有利于企业全球价值链地位指数的提升。

基于技术变革走出不同于先行者的技术轨道是成熟产业跃迁式升级的核心和关键。自国际金融危机以来，世界主要汽车生产国纷纷把新能源汽车产业列为国家战略，制定实施了一系列扶持政策来积极推进新能源汽车的产业化。面对能源环保危机和新一轮国际汽车产业的竞争，加快培育和推进新能源汽车的跃迁式升级，对于中国汽车产业转型升级和经济发展方式转变，提升汽车产业的国际竞争力，促进经济社会可持续发展，具有非常重要的战略意义。架构创新是对原有产品架构的颠覆与超越，是商业生态系统重塑和产业格局重构的根本动力。架构创新和系统设计是当前新能源汽车产业化的关键。本土龙头企业架构创新能力的高低决定着新能源汽车产业跃迁式升级能否成功。

以比亚迪汽车为例，成熟产业攀登全球价值链中高端的历程可以划分为初级的产品集成创新阶段、产品架构创新阶段、全球价值生态系统形成阶段(见图5-2)。在初级阶段，本土企业利用集成能力遵循国际标准对通用模块和专用模块进行集成创新，开发出自己的关键模块，设计出满足本土利基市场需求的创新产品，使之成为区域性的主导设计。在这个阶段，本土企业的角色主要是市场需求发现者和整合性产品的架构设计师。

表 5-18　2008—2016 年比亚迪研发投入情况

	2008 年	2009 年	2010 年	2011 年	2012 年	2013 年	2014 年	2015 年	2016 年	总体
研发费用(亿元)	11.63	12.83	14.03	27.70	25.76	28.72	36.80	36.75	45.22	239.45
营业收入(亿元)	277.27	411.14	484.48	488.27	468.54	528.63	581.96	800.09	1 034.7	5 075.1
营业利润(亿元)	9.90	41.69	27.68	14.10	−3.04	1.07	−1.79	31.76	59.86	181.22
研发密度(%)	4.19	3.12	2.90	5.67	5.50	5.43	6.32	4.59	4.37	4.72
研发占营业利润比重(%)	117.46	30.79	50.71	196.42	−846.35	2 693.4	−2 054	115.72	75.53	132.13

资料来源：根据 Wind 数据库以及比亚迪历年年报数据整理。

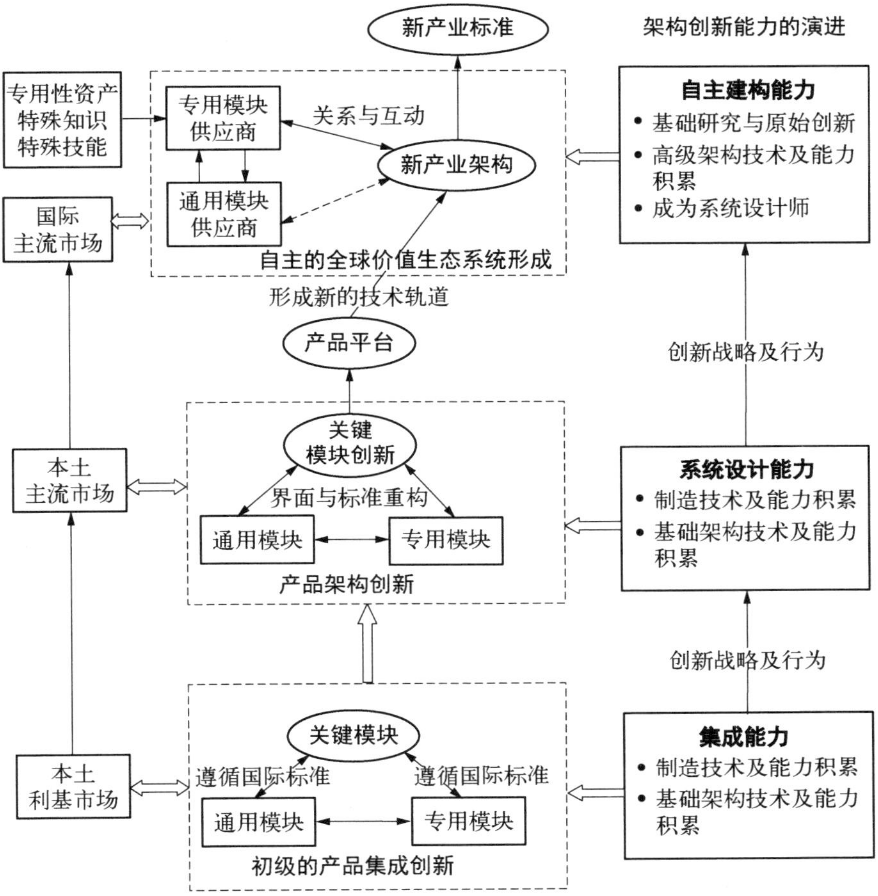

图 5-2　成熟产业“利基市场—架构创新—新产业标准”的攀登机制

在产品架构创新阶段，随着低端创新产品逐渐向从国内利基市场向主流市场扩散，本土企业不仅积累了初始用户基数，培育了相关上下游配套产业，也形成了一定的系统设计能力。在此阶段，企业需要基于低端市场获得的经验和积累的技术能力，着眼于制约整个产业发展的产业共性技术瓶颈，推动核心价值模块的升级，通过界面与标准重构对通用模块和专用模块进行关键模块创新，形成新的技术轨道，开发设计出能够满足本土主流市场的创新产品，确立在本土市场上主导设计的地位。在这个阶段，本土企业的角色是培育产业核心伙伴、关键模块供应商的企业孵化器、创业支持者，同时要为跟随者和模仿者提供核心模块或产品平台。

在全球价值生态系统形成阶段，本土企业利用自主建构能力，通过探索性创新和利用性创新的相互平衡和匹配，与专用模块供应商和通用模块供应商互动，进行产业架构创新，形成新产业标准，并不断优化主导设计和架构创新，为价值网络的参与者提供具有竞争力的、可扩展的核心价值模块和产品平台，建构形成企业自主的全球价值生态系统。在这个阶段，本土企业的角色是系统设计师、产品平台提供者，重要任务是培育能够设计和交付某一系统部件或专用模块的供应商网络体系，能够提供全球不同消费者需求的互补品制造商。面对新的市场需求，本土链企业能够通过契约关系、信任机制、市场协调等综合手段来动员整个价值创新网络所有结点同时进行创新，并在相互配合中取得协同效应。

第六章　新兴产业"领先市场—架构创新—产业标准"的攀登机制

围绕主导设计的技术标准竞赛是全球战略性新兴产业萌芽与形成阶段竞争的焦点。一个国家或地区能否成为领先市场以及市场的成熟程度，在很大程度上决定着其核心技术及其产业标准能否成为被世界广泛采纳的全球主导设计。领先市场形成的实质是通过架构创新建立技术创新与市场需求之间的正反馈机制。新兴产业全球价值网络的形成逻辑和发展历程可以划分为初创、快速发展、完善和成熟三个发展阶段。

一、架构创新、领先市场与全球主导设计的形成机理

（一）领先市场与全球主导设计的形成

围绕主导设计的技术标准竞赛是全球战略性新兴产业萌芽与形成阶段竞争的焦点。所谓的主导设计是指在不同技术标准进行竞争中最后胜出并被市场广泛采用的那一套设计标准（谭劲松和薛红志，2007）。主导设计的形成过程是对各种技术路线和技术标准的统一过程。随着主导设计的逐步形成和确立，主导设计及其背后的核心技术逐步扩散和延伸，并在时间和空间上呈现纵横交错的分布特征，成为决定产业网络形态的关键要素。产业组织结构演进遵循着由一体化到垂直分工再到模块生产网络的一般规律（朱瑞博和刘芸，2011）。主导设计的出现直接影响着企业的市场份额以及企业的生存（Suarez and Utterback，1995）。作为产业发展的"软基础设施"，主导设计规定了产业秩序和游戏规则（薛红志，2007）。掌控主导设计可以给企业带来特殊的利益：第一，"赢者通吃"。企业的核心技术以专利的形式进入产业标准。产业标准成为主导设计后，技术标准的网络效应和锁定效应放大，进一步延伸企业核心技术获益的期限和空间。第二，构筑市场进入壁垒。通过调整技术标准的兼容程度和授权对象，可以有效构筑竞争对手的进入壁垒。用户初始安装基数

的临界规模更是挑战者难以逾越的潜在进入壁垒。第三，根植持续竞争优势。成为产业的主导设计，也就锁定了产业的长期发展方向。基于自己的核心技术，企业可以自主调控核心产品升级的方向和时机，具有很强的先动者优势(First-mover Advantage)。跟随者将不得不模仿或引进主导设计确立的技术路线，其创新也主要是围绕核心技术的工艺创新和流程改进。在这些特殊利益的驱动下，主导设计成为全球战略性新兴产业萌芽与形成阶段的竞争焦点。

新兴产业主导设计的形成过程是一个优胜劣汰的企业试错过程，即不同的企业围绕尚未成熟的新兴技术，选择不同的技术路线或商业模式进行技术创新成果的商业化和产业化，只有被市场广泛接受的技术路线才最终成为产业的主导设计标准。正因为主导设计尚未确定，战略性新兴产业的孕育和形成阶段是后发国家和地区实现赶超的难得的机会窗口。佩蕾丝和苏蒂(1988)认为，当技术在最先进的国家出现时，这些国家中与原有技术相适应的资本存量和熟练劳动力可能成为结构调整沉重的负担，基于原有技术经济范式的经验已完全不适应新的技术经济范式，甚至会阻碍新技术的应用。发展中国家在新技术经济体系中则可以轻装前进，且这种优势会因科技知识的广泛传播①而进一步加强，这是后发企业实现赶超的真正的机会窗口。企业参与主导设计竞争的风险极大，成本很高，但其技术创新一旦被市场接受为主导设计范式，将会在较长的期限内获得近乎垄断的超额利润，因此争夺主导设计的标准竞赛非常激烈。也正是因为这个原因，不论是技术能力落后的后发国家和地区，还是基础研究实力强大的发达国家和地区，为了控制战略性新兴产业价值链的核心环节并获取超额利润，都制订了中长期战略来扶植本土企业进行技术创新以掌控全球新兴产业标准的战略制高点。

全球市场渗透率或市场份额是全球主导设计形成的重要标志。核心技术创新转化为主导设计是市场选择的结果。日本大力扶持高清晰度模拟彩电技术、第五代计算机研究与开发计划的失败案例告诉我们，无视市场机制的作用，硬性扶持一些市场竞争力不强的新兴技术虽然有可能获得一时的成功，但长期往往得不偿失。安德森和塔什曼(Anderson and Tushman, 1990)直接指出，只有当一项技术或创新设计至少连续 4 年维持 50%以上的新产品市场份额或者 50%以上新生产设备的安装数量，它才算取得了主导地位。苏亚雷斯

---

① 值得注意的是这些知识和技术不像工艺创新、流程创新中的缄默知识那样难以言传，因此后发企业可以低成本地学习、吸收并掌握。

(Suarez，2004)则认为，当某项技术标准与竞争性技术标准相比取得了明显的市场份额优势并且最近的市场趋势表明这种优势在不断增强，或者是有明显的标志表明最强大的竞争对手采取放弃的策略，退出了标准竞争，这就意味着某项技术标准上升为主导设计。

领先市场是核心技术成为全球主导设计的关键。从全球五次产业技术革命的发展历程来看，任何一次产业技术变革都会爆发于一个特别的核心国家或地区，然后从核心向外围逐渐扩散(佩雷丝，2002)。这些率先应用新技术的核心国家或地区就是领先市场。贝斯(Beise，2001)进一步强调了领先市场的扩散功能，认为首先采用某项技术并使其成功扩散的国家或地区才是真正的全球领先市场。贝斯(Beise，2001)归纳总结了领先市场的三个特征：第一，领先市场并不一定是技术创新的最初原创地，但领先市场肯定为核心技术的产业化提供了最适宜的市场环境。第二，领先市场的创新设计在实现全球扩散之前通常要与其他市场具有相同或相近功能创新设计展开激烈的市场竞争。第三，领先市场不仅为满足本国市场需求而最先采用创新，而且通过影响国际市场需求促进创新的全球扩散。因此，领先市场是创新扩散的源头，代表着未来全球市场的主要特征，满足领先市场所需的资源、能力与策略是企业在全球范围内获得先发优势的基础(邢小强等，2010)。在战略性新兴产业的培育中，一个国家或地区能否成为领先市场以及市场的成熟程度如何，在很大程度上决定着其核心技术及其产业标准能否成为被世界广泛采纳的全球主导设计。

(二) 架构创新与领先市场形成

架构创新需要准确把握技术与需求的战略契合点，这是形成领先市场的关键。在领先市场的形成过程中，即战略性新兴产业萌芽的形成阶段，市场上存在着多种由不同技术路线创新设计的产品，这些不同设计之间的竞争激烈而残酷。企业之间竞争的焦点在于提高产品性能的创新设计，不断通过“尝试—纠错—尝试”进行频繁的产品架构创新。世界各国和地区产业发展的历程告诉我们，科学革命导致技术革命，然后才出现产业革命。新兴产业的核心技术和关键技术来源于基础研究和原始创新，其发展过程严格遵循着科技创新的基本规律。但基础研究和原始创新的相对落后，也并不意味着战略性新兴产业发展就会受制于人。合成氨、液晶显示器、核电等新兴技术率先实现产业化的国家和地区都不是基础研究和原始创新的诞生地，但这些国家和地区无一例外都是在新技术产业化的过程中率先实现了技术与需求的有机匹配，并进而形成了领先市场。合成氨率先在德国实现了产业化，液晶显示器首先在技术跟随者的日本形成了领先市场。诞生于苏联的世界第一座核电站是探索式利用已有的核裂变技术进行架构创新来满足潜在的核能发电需求[①]。克里斯滕森、苏亚雷斯和厄特巴克（Christensen，Suarez and Utterback，1998）的研究发现，在迅速变化的产业中，过早进入并不会必然提高企业生存概率，只有在主导设计出现的几年前进入才会提高企业的生存概率。

领先市场形成的实质是通过架构创新构建技术创新与市场需求之间的正反馈机制，呈现出核心技术创新的乘数效应和相关产业的连锁反应。经过残酷的企业试错过程，技术资源与市场需求被有机联结起来的，代表优秀产品的主导设计在特定区域内的领先市场上出现。主导设计定型后，产品基本稳定并逐步被消费者和市场所接受，工艺技术创新替代产品架构创新成为产业发展的关键。受共同的历史、传统、文化、语言、制度等多方面因素的影响，领先市场消费者的需求具有很强的同质性，产品具备了大规模批量生产的基本条件。拥有主导设计的企业处于技术垄断地位并开始获得超额利润，企业规模迅速扩大，成本快速下降，规模效益逐渐体现，成为新兴产业的领导者。为了获得最大化的创新收益，该企业一般会控制核心技术的扩散和转移，以维持自己的垄断地位。受垄断利润的诱导，越来越多的企业通过模仿或引进的方式跟随主导设计进行生产，并围绕新兴产业的主干技术链，逐步完善配套技术链、辅助技术链、产业装备技术链、产业材料技术链等（朱瑞博和刘芸，2011），从而引发相关产业和互补产业的连锁反应。这种反应以累积的方式扩张，形成持续的正反馈机制。

基于模块化的架构创新有利于克服不同国家和地区间的需求差异，实现核心技术、产业标准和主导设计的全球扩散。领先市场中产生的规模经济是有边界的，向全球市场扩展成为主导设计企业的理性选择。虽然不同国家和地区之间具有需求差异，但企业在领先市场中积累了架构创新、系统集成、制造和产业化的能力，可以根据对国际市场消费者的偏好，低成本、迅速地进行产品架构的再设计和再创新。根据领先市场中获得的实践经验，主导设计厂商可以迅速实现核心技术、产业标准和主导设计的全球扩散，进一步收获在全

① 核裂变现象是1938年由德国科学家哈恩和斯特拉斯曼发现的。他们用中子轰击铀原子核，导致了铀原子核的裂变。1942年12月2日，美国芝加哥大学成功启动了世界上第一座核反应堆。

球异质性市场中的规模经济效应。

二、基于架构创新的新兴产业全球价值网络的自主建构路径

重构全球价值链或价值星系已经成为中国产业突破低端锁定、实现转型升级的战略取向(刘志彪,2011;蒙丹,2011;梁军,2011;王琴,2011)。主导设计尚未确立的战略性新兴产业发展初期,给发展中大国自主建构全球价值网络提供了难得的机会窗口。满足区域性低端市场需求的架构创新是中国自主建构战略性新兴产业全球价值网络的逻辑起点,本土领军企业是参与全球主导设计竞争的核心,成为全球主导设计是战略性新兴产业全球价值网络建构的终极目标和归宿(见图 6-1)。发展中大国战略性新兴产业全球价值网络的形成逻辑和发展历程可以划分为初创、快速发展、完善和成熟三个发展阶段。

(一)初创阶段:满足区域性低端市场的本土主导设计形成

架构创新的核心要义是把握技术的需求环节,充分利用和整合全球创新资源,探索性地通过架构连接技术将不断出现的新技术进行有机集成,满足消费者的潜在需求。例如为了满足人们对容量大、兼容性好、可靠性高、携带方便的移动存储设备的强烈需求,朗科的两位创始人基于已有的并被人们接受的 USB 接口技术,通过开发控制软件,把 USB 的传输功能和 Flash 芯片的存储功能集成在一起,让存储介质和驱动器合二为一,即通过架构创新开发出了“优盘”这种全新的移动存储设备,突破了传统磁盘主导设计的约束并最终取代了软盘和软驱。

低端市场往往是后发地区推进新兴产业发展的初始市场。战略性新兴产业的核心技术来源于长期的基础研究和原始创新。在竞争激烈的战略性新兴产业形成初期,发达国家及其跨国公司是基础研究、原始创新和前沿技术的始发地,后发地区及其企业很难与之匹敌。本土低端市场是技术创新实力雄厚的跨国公司视而不见的边缘市场。低端颠覆创新发端于非主流边缘市场,以价廉、简单和方便的产品或服务满足要求不高的客户的需求,规模一般比较小,一般不会引起在位者的警觉。通过不断改进产品性能,颠覆性创新将会逐步向主流的高端市场渗透,并最终替代先行者。液晶显示产业的发展历程深刻阐释了低端市场对后发地区新兴产业发展的重要作用。现代液晶显示技术研究起源于 20 世纪 60 年代的世界电视产业霸主美国无线电公司(简称

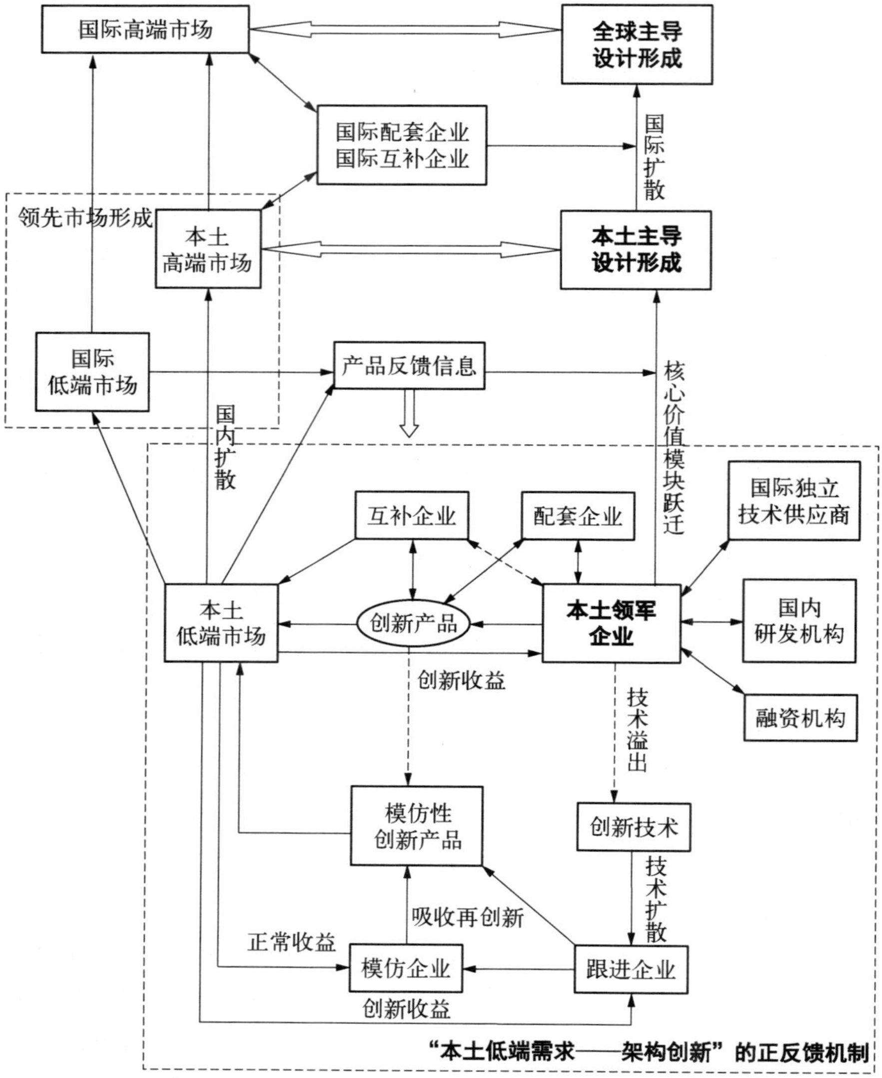

图 6-1　核心企业推动新兴产业全球价值网络的自主建构模型

资料来源：笔者自制。

RCA)。1962 年，RCA 公司的博士研究生黑尔迈乐等人提出并发明液晶显示技术。公司对此相当重视，一直将其列为重大机密项目。RCA 公司的研发目标是平板电视，这是公司当时唯一能够看得到的主要应用领域。但经过 5 年的秘密研究，平板电视虽然取得了关键性突破，但是仍然面临着材料稳定性差、对比度低、扫描线数量限制等瓶颈，难以进行大规模量产。1968年RCA首次披露了液晶显示技术的最新研究成果。但RCA公司的主要领导过分强调初出茅庐的液晶显示技术的缺点，认为其产业化的难度太大，于1969年完全放弃了研制LCD液晶电视显示器的全部计划。此时，日本人从中嗅到了商机。1972年初，日本夏普(SHARP)买下美国RCA公司的LCD技术，并在次年推出了第一款采用TN－LCD为显示面板的计算器。同时，日本精工(SEIKO)从美国人弗格森手中买下了相关技术，迅速推出了全球第一款LCD数字显示电子表，引发了数字电子表热潮。市场的热烈反应，使得日本卡西欧、东芝等厂商迅速加入了LCD产品的研发行列。这个低端的领先市场使日本在商业上取得了巨大的成功，进一步推动了日本企业在LCD研发领域的热情。随着技术的不断完善、升级，低端市场也逐步向主流的高端市场渗透、扩散。相对于RCA公司关注的电视主流市场，这些非常低端并难以产生高利润的边缘市场成为液晶技术产业化的关键。值得注意的是RCA公司的研发小组也试图研究应用在计算器、钟表、各种仪表显示器上的低端产品，但受制于大公司的傲慢，RCA管理层在1972年完全终止了这些研发计划。

着眼于本土低端市场需求进行产品架构创新的目的是锻炼和提升本土领军企业的系统集成的架构设计能力。架构设计能力不是凭空而来的，而是在一轮又一轮的产品开发过程及其性能完善中逐步积累起来的，是组织内生的(朱瑞博、刘志阳和刘芸，2011)。

满足低端市场的本土主导设计形成的标志是“本土低端需求—架构创新”的正反馈机制形成，这个机制主要由三个层面构成：第一，本土领军企业通过架构创新的产品在低端市场上获得一定的创新收益，实现“研发投入→创新产品→需求规模→创新激励→研发投入→创造高级生产要素”的正反馈循环。第二，配套企业、互补企业在领军企业架构创新需求的驱动下，也获得一定的市场收益，新兴产业链初步形成。本土领军企业的架构创新确定了战略性新兴产业全球价值网络的构成骨架。各配套企业、互补企业依据领军企业确定的经济技术联系和设计规则，在市场机制的作用下，彼此分工与合作，通过市场交易和企业行为相互衔接构成一个纵横交错的价值创造网络。第三，本土的跟进企业和模仿企业也开始获利。随着架构创新技术的逐步扩散，在本土领军企业和配套企业、互补企业获得创新利润的诱导下，本地的其他企业也纷纷跟进领军企业确定的技术路线和设计体系，通过技术模仿和消化吸收再创新，向本土低端市场提供产品并获利。本土跟进企业和模仿企业的出现进一步奠定了本土领军企业主导设计的市场地位。

在“本土低端需求—架构创新”的正反馈机制作用下，本土领军企业的架构创新使新产品的分工不断深化，新兴产业的价值链不断向纵向延伸，向横向拓展，各零部件生产厂商与领军企业之间开始形成技术经济网络关系的雏形。在满足消费者最低需求的基础上不断优化提升新产品的性能是这个阶段的主要任务。在这个过程中，整合式的产品架构和一体化的产业组织模式更能满足领军企业的架构创新要求，因为模块化产品架构的既定设计规则和标准大幅剥夺了工程师们的设计自由，从而降低了产品性能的可优化性。自主开发的整合式产品架构，则能够掌控产品系统中每一个关键组件的设计和制造，因此可以以产品性能提升为核心目标在公司内部将整个设计、生产过程全部整合、优化起来。这样一体化的组织模式成为这个阶段的主要范式，其本质是以内部分工和效率为基础的产品设计和生产体系（朱瑞博和刘芸，2011）。整合式的架构设计和产品生产并不一定意味着封闭性的产品架构。随着国际独立供应商的大量出现，本土领军企业可以在全球范围内搜索技术解决方案，并将适宜的技术进行集成，从而大幅提高了本土企业架构创新的成功概率。

（二）快速发展阶段：国内扩散、高端攀升与本土主导设计形成

满足区域性低端市场的本土主导设计形成之后，本土领军企业需要同时完成三重任务才能成为本土的主导设计，并在全球范围内成为领先市场：第一，加快低端市场创新产品及其主导设计在国内和国际同类型低端市场的扩散，进一步收获全球低端市场架构创新的收益。本土领军企业需要在产品设计架构基本定型的基础上，进一步明晰产品构成模块的功能和任务，定义各模块间的联系规则和标准评价体系，使其成为“看得见”的系统信息，即规定各功能模块的整体结构和相互合作的方法以及判断各功能模块绩效的标准。根据各模块对产品的制约和影响程度，把模块区分为核心模块和通用模块。通过技术授权、专利标准化、技术指导等方式，主动地把设计规则和相关技术扩散到相关企业，进一步巩固本土领军企业在低端市场的全球主导设计地位，即通过网络效应，实现领军企业的无边界发展（李海舰和陈小勇，2011）。第二，实现核心价值模块的跃迁，设计出满足本土高端、主流市场潜在消费需求的架构产品。基于对低端市场创新产品的深刻洞察，领军企业能够深入了解新兴产业价值链的薄弱环节所在，能够准确感知行业新兴技术变动的轨迹，通过广泛吸收全世界的最新科技研究成果，独立自主地不断探索核心技术体系，实现核

心价值模块或产品平台的性能跃迁。第三，纵向上鼓励本土的相关企业追随自己的主导设计和核心技术进行工艺、流程、商业模式、组织管理等方面的增量创新，横向上激励配套企业和互补企业进行新兴产业的专用装备、专用材料、配套技术、辅助技术的研发和创新，构建起比较完善的专用装备技术链、专用材料技术链、产业配套技术链、产业辅助技术链的网络体系。

随着低端产品的国内扩散，核心价值链的高端攀升，面向主流市场需求的产品架构设计逐步定型，本土市场成为全球范围内的领先市场。整合式的一体化组织模式向垂直分工的价值链整合模式演进之后，本土领军企业成为具有整体架构设计能力和核心模块研发生产能力的领导型企业，位于新兴产业"金字塔"形分工网络的顶端。产品架构决定着企业的业务边界和社会分工，成为新兴产业价值链分工与整合的基石。本土领军企业正是从改变组件和零部件连接方式的架构技术创新着手，借此重新审视自己在产业生态系统中的位置，采取扬长避短、充分利用外部的各种创新资源，以自己为核心构建价值生产网络，因而可以占据有利的产业生态位，并借机厚植自身的竞争优势（朱瑞博、刘志阳和刘芸，2011）。

（三）完善和成熟阶段：国际扩散、标准竞争与全球主导设计形成

本土领军企业在全球低端市场和本土高端市场中积累的初始用户基数，是参与国际标准竞争的基础，也是全球主导设计竞争中最大的优势。基于显著的初始用户安装基数，本土领军企业的核心任务是激励全球范围内的集成制造商、国际配套企业、互补企业围绕自己确立的核心技术链，按照自己规定的设计体系和技术标准，克服不同国家和地区市场的需求差异，迅速推出满足全球不同层次市场的创新产品，形成用户安装基数与互补性产品供应之间的正反馈机制，进而在全球主导设计竞争中脱颖而出。在这个过程中，本土领军企业需要采取积极的技术特许政策来扩散其核心技术和产业标准体系。特许政策是企业管理与互补性产品制造商关系的关键驱动力量（谭劲松和薛红志，2007）。在极端情况下，企业甚至可以采取完全免费供应技术的策略。

全球主导设计确立后，本土领军企业成为全球新兴产业的平台领导者。平台是指本土领军企业基于产业核心价值模块构建的一种产品开发平台，或是针对产业关键问题或瓶颈问题所提供的系统解决方案，其他公司可以在这个基础上推出差异化的产品或服务。因此，平台就是一个能使网络核心企业与其联接的生态系统成员共享价值的"工具包"，是网络核心企业针对生态系

统中共同问题而设计的通用解决方案的载体(扬西蒂和莱维恩,2006)。本土领军企业由此成为整个产业生态系统的平台领导者和维护者,处于产品系统设计、模块联系规则制定和维护的中心地位,是整个产业生态系统设计师。本土领军企业可以将产品链中非核心、可标准化的生产环节外包给其他企业。

三、领军企业架构创新与新兴产业全球价值网络的治理挑战

追求协同效应是本土领军企业构建全球价值网络的基本逻辑。随着战略性新兴产业核心技术的逐步成熟,产业链分工将逐步深化、细化,最终呈现出产业间分工、产业内分工与产品内分工并存的多层次的全球价值创造网络。随着系统复杂程度的提高,主导企业对产业或模块生产网络的控制力会减弱,不利于整体协同效应的实现。为了维持和延续自己在复杂多变的全球竞争格局中的控制地位,本土领军企业必须积极主动地应对全球价值网络运行中出现的各种挑战,这些重要的网络治理活动及挑战主要有五个。

(一)随新兴产业网络发展而及时做出恰当战略调整的挑战

本土领军企业处于自己建构的战略性新兴产业价值网络的核心节点,其决策和行为引导着产业网络的演进方向、速度和绩效。由于市场需求偏好、技术成熟度、生产工艺、国际竞争格局以及政策规范的变化,在战略性新兴产业全球价值网络的不同发展阶段,本土领军企业的角色和任务都不同。为了成为战略性新兴产业核心技术、产业标准和全球主导设计的掌控者,本土领军企业必须根据新兴产业网络培育的核心任务而及时做出恰当战略调整。在新兴产业价值网络构建的初创阶段,本土领军企业的核心任务是设计出满足区域性低端市场的创新产品,并使之成为区域性的主导设计,其角色主要是市场需求发现者和整合性产品的架构设计师。在这个阶段,本土领军企业绝对控制着核心模块和关键零部件的设计和生产,与配套企业、互补企业的关系非常松散,仅仅存在着偶然的市场交易关系。由于技术越来越复杂,分工越来越细,任何一个企业都无法拥有某一产业或某一产品所需要的所有技术和专利。对此,本土领军企业一方面可以委托独立的国际技术供应商来完成技术创新和产品设计,另一方面可以着眼于未来的技术标准和主导设计竞争,选择恰当的研发伙伴,组建“前端控制”型专利池。“前端控制”型专利池是指由相关产业的企业组成技术联盟,根据组成成员的各自优势,联合和分工研发核心技术、

形成核心专利进而形成专利池(余文斌和华鹰,2009)。通过组建技术联盟,可以分散研发风险,分担创新成本,缩减创新时间,加快新兴技术产业化和技术标准推广的步伐,从而使本土领军企业的研发、生产和经营形成良性循环,使技术专利快速成为市场竞争中的事实标准。在新兴产业价值网络构建的快速发展阶段,本土领军企业则需要及时撤出低端市场,推动核心价值模块的升级,开发设计出能够满足本土高端市场的创新产品并确立在本土市场上主导设计的地位。在这个阶段,本土领军企业是培育新兴产业核心伙伴、关键模块供应商的企业孵化器、创业支持者,同时还需要为跟随者和模仿者提供核心模块或产品平台。因此,本土领军企业需要及时、准确地向相关企业提供自己掌握的市场信息、设计信息、技术、产业装备以及人才等资源和能力,从而激励它们加入自己构建的价值网络。在新兴产业价值网络构建的完善和成熟阶段,本土领军企业则需要将自身的核心能力定位在系统设计师、产品平台提供者,重要任务是培育能够设计和交付某一系统部件或专用模块的供应商网络体系,能够提供全球不同消费者需求的互补品制造商。面对新的市场需求,本土领军企业能够通过契约关系、信任机制、市场协调等综合手段来动员整个价值创新网络所有结点同时进行创新,并在相互配合中取得协同效应。因此,本土领军企业必须准确识别出全球价值网络发展面临的不同阶段和关键挑战,及时作出恰当的战略调整。

(二) 核心价值模块和产品平台不断升级的挑战

核心价值模块和产品平台不断升级是推动战略性新兴产业价值网络健康发展的核心力量,是本土领军企业构建和控制其生态系统的重要手段。随着新兴市场的不断拓展,消费需求的不断升级,新技术的不断涌现,本土领军企业必须不断优化主导设计和架构创新,为价值网络的参与者提供具有竞争力的、可扩展的核心价值模块和产品平台。核心价值模块和产品平台的优化升级是领军企业探索性创新和利用性创新相互平衡的匹配过程。在新兴产业全球价值网络构建的初创阶段,本土领军企业需要不断探索新知识、新技术来进行架构创新,在反复的试验过程中寻求多种技术和模块之间的最优联接方式,制造出能够满足低端市场消费需求的突破性的创新产品。在创新产品的快速扩散过程中,则主要依赖既有技能、过程和结构的利用式创新迅速向不同地区、不同层次的消费者提供差异化产品。同时,由于新兴技术的层出不穷,本土领军企业还必须不断地在全球范围内进行技术扫描和研究寻找,持续跟踪竞争对手所采取的主导技术,及时掌握全球相关新技术的研发动态,适时购买相关专利或消化新出现的实验室技术,并把其内化到核心模块或产品平台中去,推动新兴产业核心技术和产业标准的不断优化、升级。领军企业的技术标准成为本土的主导设计后,最大的挑战就是墨守成规,不去关注市场的变化和新技术、新挑战者的出现。因此,本土领军企业也需要根据产业竞争的实际情况,构建战略性隔绝机制或"防火墙"来阻止竞争对手对自己领导地位的挑战和破坏。

(三)公司业务边界界定与网络生态系统治理的挑战

根据企业拥有资源和能力要素位势的高低,罗珉(2006)把参与价值星系的企业划分为三类。其中核心企业即恒星企业拥有组织能力、技术标准、品牌、商标、商誉、市场准入、市场网络和顾客关系等属于高位的资源,由此形成了"基于体系的优势";关键模块供应商拥有技术、专有技术、专利和知识等属于中位的资源,因此这些企业形成了一定的"基于知识和技术的优势";其他企业往往拥有土地、物质资本、自然资源、区位、规模和劳动力资源等容易复制的生产要素方面的低位资源,并形成了一定的"基于资源、区位或规模的资源优势"。罗珉(2006)没有区分低位资源和中位资源拥有者之间的区别,把它们统称为行星企业。其实,我们可以进一步区分两者之间的差异,即认为中位资源拥有者是行星企业,而低位资源拥有者是围绕行星企业或恒星企业运转的卫星企业。恒星企业正是把自己拥有的体系优势与行星企业的异质性资源、卫星企业的一般资源相结合才获得了竞争优势、垄断租金和熊彼特租金。

不同的资源和能力要素位势决定了企业在战略性新兴产业价值星系或价值网络中的地位及其价值创造贡献。本土领军企业通过架构创新的产品设计满足了消费者的潜在需求,同时把产品设计转化为看得见的设计规则,以技术标准、规范操作等方式把设计信息传递到行星企业和卫星企业,因此本土领军企业是战略性新兴产业系统架构的设计师,在自己构建的全球价值网络中占据了金字塔的最顶端,是培育和治理整个商业生态网络的核心。在新兴产业全球价值网络发展的不同阶段,本土领军企业需要依托核心能力根据核心任务确定自己的业务范围边界,及时调整哪些业务由公司内部完成,哪些业务由商业伙伴来开展。也就是说,本土领军企业的业务边界决策决定着企业如何竞争、与谁合作、与谁竞争。作为全球价值网络生态系统的治理者,本土领军企业领导并协调整个生态网络的价值创造活动,把子系统、子模块或零部件的设计和制造外包给专业化的企业，同时通过产品架构设计和系统集成能力协调合作伙伴的研发、设计、制造、服务等活动。领军企业需要建立科学合理的利益分配机制，确保网络成员的研发投入、承担风险与收益的对等性，实现合作共赢，这是全球价值生态网络健康运行的关键和基础，直接关系到整个商业生态系统价值创造的可持续性。领军企业的边界定位在一定程度上决定着行星企业、卫星企业的边界定位和盈利空间，但为了实现自身的利益最大化，在其进行边界定位时又不得不考虑到行星企业和卫星企业的行为和反应。这样经过多轮的重复博弈，领军企业的业务边界逐步确立，是一个集体选择的结果。经过集体选择，领军企业不仅增加了自己的获利空间，也增加了整个网络的价值创造，同时行星企业、卫星企业的个体福利也得以增进。这也从另一个角度验证了企业边界形成的利益相关者理论（王竹泉和杜媛，2012）。

公司业务范围界定与网络联盟治理挑战的本质是价值创造和价值占用之间的权衡。扬西蒂和莱维恩（2006）基于多年对众多行业的研究成果和实践经验，把处于商业生态系统中的企业区分为四种不同类型的角色：网络核心型、支配主宰型、坐收其利型和缝隙型。其中，缝隙型企业着眼于专业化和差异化，将自己独特的能力集中在某些业务上，利用其他企业提供的关键资源来开展经营活动，一般进行的是模块创新，即行星企业或卫星企业的战略定位。网络核心型、支配主宰型和坐收其利型企业则是网络的调控和管理者，是整个商业生态系统的领导核心。本土领军企业应该从长远利益出发，成为网络核心型的领军企业，有选择地确定自己的关键业务领域。也就是说，本土领军企业需要基于自己的核心能力，以连锁和联盟的形式在全球价值网络中延伸其价值创造，在有边界的实体上实现无边界发展（李海舰和陈小勇，2011）。定位为支配主宰型，则容易陷入自我封闭的“自稔性”风险。战略性新兴产业最本质的特征是核心技术和主导设计的不确定性，企业所采取的新技术很可能会在极短的时间内被其他技术所颠覆。“自稔性”是指植物的自花结实性。支配主宰型企业的“自稔性”风险是指核心企业借以产生优势的自身特性，同时也是削弱其探索其他技术路线和应对外部环境变化的能力，最终导致自己走向衰退的根本性风险。坐收其利型核心企业虽然不控制网络，却利用自己的独特生态位，从网络中榨取了过多的价值，因此会抑制行星企业和卫星企业价值创造的积极性，并使整个生态系统趋于瓦解和消亡。

本土领军企业根据自己与行星企业和卫星企业之间资源和能力位势的不同，对它们采取不同的治理模式。对于提供关键模块或专用模块的行星企业，本土领军企业可以选择进入权限制和专利交叉授权的俱乐部型治理模式。即本土领军企业通过对其他企业接触和使用自己核心技术或产品平台等关键资源的进入权配置，来激励互补性技术拥有者进行资产专用性投资，在全球范围内整合优势资源形成协同合作效应。这种治理模式能够有效避免自己的关键资源迅速扩散而丧失架构创新所带来的生态位优势，同时可以在一定程度上降低行星企业的讨价还价能力。对于卫星企业或通用模块的企业，由于它们一般只拥有容易复制的低位资源，与恒星企业基本上没有讨价还价能力，本土领军企业只需要提供生产标准来协调，因此主要通过市场机制进行治理。对于领军企业认为需要重点攻克的配套产品、子模块或新材料、新工艺的使用，则需要使用价格补贴来激励合作伙伴展开“背对背”的模块设计竞赛。

（四）自主标准与其他标准之间兼容性的挑战

在全球主导设计争夺的后期，全球市场上往往会出现多项技术标准为主导地位而开展竞争。由于主导设计促进了全球产业的标准化，能够实现多种特殊利益，因此竞争非常激烈。为了取得最终的胜利，本土企业需要和其中的一个或多个竞争对手组建标准兼容性的联盟。与哪个或哪些竞争对手进行兼容以及如何兼容、兼容的期限等决策都是摆在本土领军企业面前的重大挑战，稍有差池，之前的长期努力就会付之东流。20 世纪 90 年代初，中国金山公司的 WPS 文档格式在本土市场的占有率高达 90%以上，已经成为当时办公软件的事实标准。1994 年金山与微软达成互相读取对方文件的兼容协议，随着 Word 功能的不断丰富和成熟以及微软操作系统的垄断优势，微软凭借对 WPS 文档格式的兼容能力，迅速争夺了绝大部分金山 WPS 的用户，几乎垄断了国内办公软件的全部市场。微软在成功地从 WPS 手中夺来用户后毫不犹豫地停止了与 WPS 的兼容功能。金山 WPS 也因此而一蹶不振。

（五）跨文化嵌入背景的挑战

本土领军企业在全球市场上追逐全球主导设计的过程中，面对的嵌入背景不再是单一文化模式，而是来自多种不同的跨文化的消费者、国际配套企业、国际互补企业、国际供应商和员工进行创新合作。这样，多种文化模式在构建全球价值网络的进程中难免发生碰撞，其激烈程度直接影响着本土领军企业的生死存亡和创新成败。跨文化治理的关键是解决文化冲突，这需要本土领军企业把具有不同文化背景的网络联盟成员用具有自己特色的企业文化、共同的价值标准、道德规范和行为模式凝聚起来，最大限度地发掘和激发合作伙伴的潜力和价值。

四、结论

成为全球主导设计、自主构建全球价值网络是中国避免新兴产业再次被跨国公司俘获、锁定在全球产业链低端的重要战略选择。在新兴产业发展的初期阶段，产业标准和主导设计尚未形成，这给中国企业自主建构全球价值网络提供了难得的机会窗口。这个构建过程可以划分为初创、快速发展、完善和成熟三个发展阶段。初创阶段是满足区域性低端市场的本土主导设计的形成阶段，快速发展阶段是国内扩散、高端攀升与本土主导设计的形成阶段。完善和成熟阶段则通过技术标准的国际扩散和激烈的竞争来确立。本土领军企业在全球低端市场和本土高端市场中积累的初始用户基数，是参与国际标准竞争的基础，也是全球主导设计竞争中最大的优势。追求协同效应是本土领军企业构建全球价值网络的基本逻辑。为了维持和延续自己在复杂多变的全球竞争格局中的控制地位，本土领军企业必须积极主动地应对全球价值网络运行中出现的五种挑战：一是随新兴产业网络发展而及时做出恰当战略调整，二是核心价值模块和产品平台不断升级，三是公司业务范围界定与网络联盟治理，四是自主标准与其他标准之间兼容性的决策，五是跨文化嵌入背景的挑战。

企业进行架构创新需要拥有一定的架构创新能力。架构创新能力可以使企业能够以灵活的方式，通过探索式创新和利用式创新的有机匹配，创新设计出新产品，因此是形成公司竞争优势的重要基础。本土领军企业只有形成特定的架构创新能力，设计出科学合理可行的系统架构和模块间互动的界面标准以及各相关规格参数等，才能确保新兴产业生态网络中相关参与者进行协作创新、联合攻关，以自己为核心构建生态系统网络，形成新兴产业价值网络的最佳运行模式，才能提升中国产业的国际竞争力，真正走出被剥削、被锁定的悲惨格局。

第七章　企业架构创新能力成长导向的创新政策设计

在产业发展的不同阶段，各类创新主体、中介服务机构和政府发挥的作用是不同的，创新链、产业链和价值链具有不同的特征，具有不同的内在要求。深入研究和把握产业演进发展的一般规律，进而抓住企业转型升级、迈向全球价值链中高端面临的不同机会窗口，围绕创新链、产业链和价值链的互动规律，制定不同阶段的政策重点，这是提升中国产业全球价值链地位的关键。本章在研究产业发展不同阶段创新链与价值链互动规律的基础上，借鉴国内外推进企业转型升级的供给面、需求面、环境面政策经验，着眼于企业架构创新能力提升，从产业发展的不同阶段提出了迈向全球价值链中高端、抢占全球产业技术制高点的政策建议。

一、产业发展各阶段创新链与价值链互动的内在要求

在产业发展不同阶段的技术创新、生产和产业组织特征各不相同（见表3－1）。处于不同产业发展阶段企业对技术创新、产业链配套和市场形成也具有不同的内在要求，也面临着不同的制度障碍和瓶颈，因此制度创新和政策创新的着眼点也各不相同（见表7－1）。

表7－1　产业发展各阶段的内在要求和制度安排

		孕育阶段	形成阶段	快速发展阶段
内在要求	技术创新要求	基础研究、原始创新、核心技术创新、多元技术并存	多元技术并存、主导设计竞争、核心技术完善、产品创新	工艺创新 配套、辅助技术 装备、材料技术 主导设计形成
	产业链配套要求	没有明显的需求	有需求，但不迫切	需求非常迫切，需要尽快完善

续　表

		孕育阶段	形成阶段	快速发展阶段
内在要求	市场形成要求	零星的市场需求，市场刚刚萌芽，生产和消费脱节	市场初具规模，但存在严重的市场瓶颈，大部分潜在消费者持观望态度	瓶颈问题解决，市场规模迅速扩大
制度安排	制度障碍	多元化市场主体发育和企业制度建设滞后，大企业阻碍新技术的创新和应用；科研体制与产学研转化机制不畅；创新同构；原始创新、核心技术缺失；企业的自主创新能力匮乏	要素市场发展改革滞后，市场配置机制扭曲；科技金融市场建设滞后，融资机制缺失；中央、地方政府管理体制障碍，对新兴产业的选择相似；产业标准体系和市场准入制度缺失或落后；创新型人才培育制度落后	孵化毕业后企业缺乏继续扶持手段；中央、地方政府管理体制障碍，产业同构
	制度创新着眼点	技术创新的不确定性，提升技术创新能力	主导设计竞争提升产业化能力	产业标准竞争，产业链配套，提升市场化能力
	政策创新	普惠性政策与定向性政策相互平衡；构建基于专利池的前端控制机制；产学研合作机制创新；实施自主知识产权战略，积极布局产业核心技术和关键技术	市场培育机制、产业基础设施建设；建立新兴产业的统计制度和干部考核评价体系；企业加速器建设；投融资体制机制创新；系统推进与重点突破相结合；加强对科技创新人才、创业团队的培育；完善新兴技术创新的社会驱动机制	产业标准化战略、企业加速器建设、产业异构与一体化

资料来源：朱瑞博和刘芸(2011)。

(一) 孕育阶段发展的内在要求：围绕创新链培育产业链，抢占全球价值链制高点

在新兴产业的孕育阶段，源于新技术的产品和市场的变化很大，不确定性

很强，产品的技术创新处在满足市场需求的探索阶段，因此产品常常是粗糙、昂贵和不可靠的。新产品对于旧产品的竞争优势在于优越的性能，而非成本。这个阶段产品的性能尚未满足消费者的需求，产品的功能需要不断完善。市场上存在着多种由不同技术创新设计的产品，不同设计之间的竞争激烈而残酷。企业之间竞争的焦点在于提高产品性能的创新设计，不断通过"尝试—纠错—再尝试"的方式进行频繁的根本性产品创新，工艺创新处于从属地位。在这个阶段，产业领导者尚未出现，更多的是大量中小企业尝试多种多样的产品创新进行主导设计的竞争。

新兴技术与市场需求的共生演化机制决定了产业孕育阶段整合式的产品设计模式。新兴技术企业是促进技术-市场演化的主体。各种企业通过对消费者的引导和消费者对技术的反馈，在不断地试错、学习的过程中优胜劣汰并形成主导设计（王敏和银路，2010）。优胜劣汰的标准是产品性能能否满足市场的需求，因此主导设计竞争的焦点是产品性能的提升。克里斯滕森和雷诺（Christensen and Raynor，2003）指出，当产品存在性能缺口时，也就是当产品的功能和可靠性达不到某个市场级别的用户需求时，企业必须设计出最好的产品来进行系统竞争。在这个过程中，整合式的产品架构往往能取得竞争优势，因为模块化产品架构的既定设计规则和标准大幅剥夺了工程师们的设计自由，从而降低了产品性能的可优化性。自主开发的整合式产品架构，能够掌控产品系统中每一个关键组件的设计和制造，因此可以以产品性能提升为核心目标在企业内部将整个设计、生产过程全部整合、优化起来。这样的一体化组织模式是新兴产业孕育阶段的主要范式，其本质是以内部分工和效率为基础的大而全的产品设计和生产体系。这种组织模式在孕育阶段大幅促进了产品性能提升。在这个阶段，虽然企业的风险极大，成本很高，但其技术创新一旦被市场接受为主导设计范式，将会获得近乎垄断的超额利润，因此争夺主导设计的研发竞赛非常激烈。

因技术创新的不确定性，在孕育阶段，新兴产业需要大量企业进行试错，因此需要一个鼓励多种技术相互竞争的多元的市场结构，基于基础研究和原始创新的核心技术是成为产业主导设计的关键。在这个阶段，产业发展处于萌芽状态，出现了零星的市场需求，对产业链配套还没有明显的需求。

新兴产业孕育阶段的核心任务是生产出商品化的试销产品。在这个阶段，创新链和价值链互动的关键是围绕创新链培育产业链，抢占价值链高端。创新链主要由基础研究、应用研究、中试和商品化四个主要环节构成（袁东明、马骏和王怀宇，2014）。在不同的创新环节，创新活动的任务、性质、关键要素、参与者都有所不同（见表7-2）。其中，科研院所是基础研究环节的核心力量，企业在商品化阶段占据主导力量。应用研究、中试、商品化三个环节需要科研机构和企业共同参与，是科技成果转化的关键环节。

表7-2　孕育阶段创新链的四个主要环节

	基础研究	应用研究	中试	商品化
任务	设想→原理	原理→应用技术	应用技术→生产技术	生产技术→试销商品
性质	知识创新过程	技术创新过程	技术创新过程	技术与市场的结合
关键要素	科研设施、科研人员	科研设施、科研人员	科研设施、科研人员、工程人员、资本	市场经营人员、科研人员、工程人员、资本
参与者	大学、科研机构	科研机构为主，企业参与	科研机构与企业共同参与	企业为主，科研机构参与

资料来源：袁东明、马骏和王怀宇（2014）。

从科技成果转化的流程来看，科技成果转化可以分为前端（把科研投入转化为科技成果，即"钱变纸"）、中端（把不成熟的科技成果转化为相对成熟的科技成果，"生变熟"）、后端（把科技成果转化为经济效益，即"纸变钱"）三大环节。在这三大环节中，把不成熟科技成果转化为相对成熟科技成果的中端是当前中国科技成果转化最大的软肋和痛点。

第一，在科技成果转化的前端，目前最大的瓶颈是高校、科研院所的科技成果技术成熟度低，具有转化价值的技术研发成果比例不高，进而导致科技成果转化谈判过程中存在着严重的价值认同和利益分配瓶颈。技术成熟度是科技创新成果成功转化的关键影响因素之一。但是，目前全国高校、科研院所大部分科技成果处于实验室阶段，在实现大规模生产之前还需要继续投入研发经费，还要进行中试，还要进行二次或三次开发，提高技术商业化的成熟度。由于高校和科研院所普遍缺乏中试基地，科技成果技术成熟的条件十分有限，企业对这些尚未完成产品化开发的科技成果投资意愿较低。在企业眼中，高校和科研院所中具有转化价值的技术研发成果比例不高。

第二，在科技成果转化的中端，缺乏体系完整、运行高效的科技成果转化中介组织，科技中介服务机构发展滞后、精准服务能力不足，缺乏从实验室科技成果到产业化技术的中试平台，为中小科技企业提供产业共性技术的新型科研机构仍显不足。目前国内许多有实力的科研院所都建立了规模不等的科技成果转化中介机构，但低端业务交叉重复、恶性竞争、无序竞争，高端业务供给不足，服务的碎片化现象严重，创新要素的聚合能力较弱。科技成果信息平台也未能真正发挥作用，缺乏有效手段盘活科技成果信息，并最大限度向社会服务。例如，上海在市级层面历经多年打造了"技术转移转化信息平台"，包括上海技术经纪公共服务网、上海技术交易网等。但这些平台供需信息来源不足，未有效聚合，而且更新迟缓，网站设置的技术领域和行业分类不清晰，利益生态链模糊，交易成功率低，因此导致点击量不足、用户黏合度较差。

第三，在科技成果转化的后端，上海中小企业研发经费支出占主营业务收入的比重较低，吸收高新技术尤其是前沿技术的能力与动力不足，承接科技成果转化的能力不强，在科技成果转化中的主体作用难以发挥。

（二）形成阶段发展的内在要求：围绕核心技术链部署外围技术链，抢占新兴产业价值链的关键环节

激烈的主导设计竞争是新兴产业形成阶段的突出特征。在这个阶段，企业及其利益相关者进行的所有活动都是围绕主导设计的形成和完善进行的。主导设计是指在技术可能性与市场选择相互作用下被广泛接受的产品设计形式。艾伯纳西和厄特巴克（Abemathy and Utethack，1975）认为，主导设计是由以前独立的技术变异所引发的多项技术创新整合而成的新产品（或特征集）。拥有主导设计的企业可以获得近乎垄断的巨大利益，甚至能够影响产业未来的发展趋势。其他的技术轨道很容易受到市场的排斥，因此从根本上改变了企业和产业内的创新和竞争状况。随着主导设计的出现，企业间竞争的焦点转向价格和工艺创新，创新开始从激进创新向渐进创新过渡。在新兴产业形成阶段的末期，随着企业技术创新和产品设计的经验不断积累，新产品的性能和需求特点逐渐稳定，新产品趋向标准化，主导设计形成。

随着主导设计的出现，企业间竞争的焦点转向价格和工艺创新，产品创新的不确定性大幅降低，潜在进入者蜂拥而至，纷纷基于主导设计和主导技术进行工艺创新、商业模式创新、组织管理创新和市场创新。围绕新兴产业的主干技术链，各类企业进行大量渐进式的增量创新，逐步形成了比较完善的专用装备技术链、专用材料技术链、产业配套技术链、产业辅助技术链等，整个产业网

络呈现垂直分工的价值链整合模式。这种组织模式通过企业系列制，在自己周围构建零部件的供应网络，极大地促进了生产工艺、产品的标准化和生产效率的提高，能够获得规模经济效应和范围经济效应。价值链整合模式保留了一体化公司大规模生产的优点，同时有效克服了单一大公司的X非效率（X-inefficiency）等弊端，主导厂商与分包企业之间形成了良好的合作关系，更能及时地适应市场需求的变化。但是，从社会的角度来看，整个社会往往形成数条相似的价值链生产体系，各主导厂商分别构建自己能够控制的、垂直型的零部件供应网络，各系统分别开发相同的产品、零部件，会造成严重的重复开发浪费，而且各生产体系之间各自为政，零部件不能通用，给消费者的选择也带来一定困难。主导厂商所控制的供应网络大多具有剥削的特征，不利于充分调动各种利益主体的积极性和创造性。在这种模式下，制造与设计厂商之间的信息沟通成本也比较大，而且也容易泄漏商业机密。随着信息时代的到来，价值链整合模式的弊端越来越明显，正逐渐被具有崭新特征的虚拟再整合体系所代替。

在新兴产业形成阶段的初期，技术创新仍然要求多元技术并存。在主导设计竞争的过程中，产业的核心技术和关键技术日益完善，产品的设计仍然以整合式创新为主，市场初具规模，但存在严重的市场瓶颈，大部分潜在消费者持观望态度。在形成阶段的末期，产业发展需要比较完备的产业配套技术、产业辅助技术、专用装备、专用材料体系，市场瓶颈亟待打破。市场规模和用户安装基数成为全球主导设计竞争中的关键因素。在这个阶段，新兴产业发展的制度障碍主要有：要素市场发展改革滞后，市场配置机制扭曲；科技金融市场建设滞后，融资机制缺失；中央、地方政府管理体制障碍，新兴产业选择产业同构；产业标准体系和市场准入制度缺失或落后；创新型人才培育制度落后等。

在新产业形成阶段，企业发展的核心任务是使自己的核心技术成为被市场接受的主导设计，掌控全球产业标准的制定权，因此需要围绕核心技术链部署外围技术链，抢占新兴产业链价值增长的关键环节。

（三）快速发展阶段的内在要求：围绕产业链部署创新链，通过产业链的整合重组，向价值链高端攀升

在新产业快速发展阶段，主导设计的成熟使产品设计、生产工艺和流程逐渐标准化，产品的性能已经完全满足普通消费者的需求，创新的焦点转向以降低成本为动力和以工艺改进为主要内容的渐进创新，生产越来越自动化、集约

化、系统化、专业化。产品的设计开始转向模块化设计。模块化的产品架构虽然限制了工程师们在产品设计中的自由性，但可以在既定设计规则的前提下灵活、迅速地进行产品设计和组装，模块化产品的灵活性往往建立在牺牲某些性能的基础之上。当产品出现“过度服务”时，模块化产品架构能够帮助企业在破坏性竞争中赢得低端市场，取得竞争优势。因此，随着产品性能不断超越客户需求，产品的设计也从整合式架构设计演进到模块化设计。

当产品设计演进到模块化设计阶段后，产业组织模式也逐步由垂直分工模式演变到虚拟再整合的模块生产网络。与价值链整合模式下的分包模式不同，外包的对象往往是一个能够完成特定功能的半自律性的模块。高级的外包公司能够形成自己的知识产权和关键技术，而不仅仅是低级的“贴牌加工车间”。外包已经成为企业整合利用其外部最优秀的专业化资源，降低成本、提高效率、充分发挥自身核心能力和增强企业对环境的应变能力的一种组织管理模式。

在新产业快速发展阶段，产业链配套需要高度完善，产品的工艺创新、配套技术、辅助技术、专用装备、专用材料非常发达，市场的瓶颈问题完全解决，市场规模迅速扩大。在新产业快速发展阶段的初期，一般都会重视创业企业的扶持和孵育，往往忽视对孵化毕业后企业的持续支持。在快速发展阶段的中期，受中央、地方政府管理体制的影响，新兴产业可能会出现比较严重的产业同构和恶性竞争。

在新兴产业的快速发展阶段，主导技术轨道是后发企业超越先发企业难以逾越的最终壁垒。尽管在追赶过程中后发企业会进行大量的工艺创新、商业模式创新、外观创新，但由于后发企业无法突破主导技术轨道中的核心技术专利和产业标准，因此与主导企业之间的差距可以缩小，却永远无法消除，更难以实现超越。后发企业需要走出不同于先行者的主导技术轨道，让自己的技术轨道在一定范围内（例如本土市场）成为主导设计，赶超才会得以实现。苹果公司的案例告诉我们，在这个阶段，后发企业可围绕产业链部署创新链，通过产业链的整合重组，植入自己的竞争优势，进而向价值链高端攀升。

二、科技创新政策工具

从国内外的实践来看，推动产业提升全球价值链地位的科技促进政策是一套复合的政策体系，其中既有适用于所有产业、所有企业的普适性政策，也有针对某一特定产业领域的专项计划或优惠政策。这些政策可以分为宏观

（制定创新战略、调整政府科技管理机构等）、中观（布局新的专项计划、建设新平台新载体等）和微观（消除创新成果产业化过程中各种障碍的机制创新等）三个层面。科技政策工具是组成科技促进政策体系的基本元素，是政府推动各类科技活动、激励企业加强技术创新进而引导产业发展的基本手段。根据创新促进政策工具的作用对象，罗斯韦尔和泽福德（Rothwell and Zegveld, 1985）把科技创新政策工具的类型划分为供给面、环境面与需求面三类。在此基础上，周海涛和林映华（2016）归纳梳理了一个政府支持企业科技创新的"市场需求、能力供给、环境制度"的结构分析框架，指出政府支持企业科技创新需要从需求面、供给面和环境面三个方面着力。

（一）供给面科技促进政策

供给面科技创新促进政策的目的是推动知识和科技创新成果的产出和供给，加快知识的溢出和创新成果的转化。供给面科技促进政策工具主要包括政府对 R&D 的资助，对投资 R&D 的企业给予税收抵免，支持教育和培训，提供科技基础设施和公共服务，促进科技成果转化等。近年来发达国家供给面的科技促进政策主要有以下几个特征：

第一，持续加大 R&D 投入力度，鼓励企业加强基础研究和应用基础研究，引导企业基于原始创新和前瞻性研究，积极布局新兴产业核心技术和关键技术，试图掌控新兴产业的战略制高点。相关政策手段和工具主要是立法、财政支持、信贷、税收优惠、设立创新联盟和专项基金等。近年来，发达国家政府纷纷加大对 R&D 的投入力度，即便是经济不景气时期，对创新的支持也并未缩减。自 2003 年以来，美国政府的 R&D 投入占 GDP 的比重（研发密度）最低是 2004 年的 2.48%，最高是 2009 的 2.81%。长期以来，美国政府研发投入占全球研发投入的 30%以上，持续保持全球第一的强大地位。美国国家创新战略中明确规定要给予基础研究领域世界领先的高投入。从表 7－3 可以看出，美国政府自 20 世纪 90 年代开始就将 15%以上的 R&D 经费投入基础研究领域。2018 财年，美国用于基础研究领域的预算高达 289 亿美元，占研发总预算 1 177 亿美元[①]的比重高达 24.6%，比 2017 财年增加了 2.2 个百分点。

① 2018 年的美国联邦政府预算重新定义了"开发研究"，其范围缩小为"试验开发"。如果按照旧标准核算，2018 财年，美国研发经费应为 1 512 亿美元，比正在执行的 2017 财年不仅没有大幅度减少，还增加了 28 亿美元，约增加 2%。

表 7-3 美国历年 R&D 支出比例(%)

	1970	1980	1990	2000	2010	2011	2012	2013	2014	2015	2016	2017	2018
基础研究	13.7	13.8	15.2	15.7	18.7	17.1	16.9	17.3	17.3	16.9	22.2	22.4	24.6
应用研究	21.9	21.7	23.0	21.1	19.5	19.3	20.1	19.5	19.3	19.6	25.0	24.7	28.5
开发支出	64.4	64.5	61.9	63.2	61.8	63.6	63.0	63.3	63.4	63.5	51.1	51.2	45.2
研发设施设备											1.7	1.8	1.8

资料来源：Science and Engineering Indicators 2018，以及美国白宫预算办公室(OMB) 2017 年 5 月发布的 2018 财年预算。

在美国政府的引导下，美国的龙头企业也保持了强大的研发投入密度(研发经费投入占营业收入的比重)，英特尔、默克、脸书等公司多年来的研发投入密度高达 20%以上。根据普华永道旗下管理咨询机构思略特(Strategy)发布的《2017 年全球创新 1 000 强企业研究报告》，2017 年全球研发投入前 20 强中美国企业有 13 家，德国 2 家，日本 2 家，瑞士 2 家，韩国 1 家(见表 7-4)。

表 7-4 2011—2017 年全球研发 20 强公司的研发密度(%)

2017 排名	公司	国家	2011	2012	2013	2014	2015	2016	2017
1	亚马逊	美国	5.07	6.05	7.47	8.82	10.42	11.72	11.83
2	Alphabet	美国	12.83	13.62	14.75	12.86	14.90	16.38	15.45
3	英特尔	美国	15.07	15.46	19.02	20.13	20.65	21.91	21.45
4	三星	韩国	6.01	6.03	/	6.26	7.20	7.17	7.58
5	大众	德国	5.41	4.54	4.59	5.17	5.70	5.56	5.30
6	微软	美国	13.95	12.93	13.31	13.37	13.11	12.87	14.05
7	罗氏制药	瑞士	20.39	18.87	20.13	19.07	19.84	19.01	21.91
8	默克	美国	23.90	17.62	17.28	17.04	17.00	16.97	25.43
9	苹果	美国	2.73	2.24	2.16	2.62	3.30	3.45	4.66
10	诺华	瑞士	17.59	17.13	16.52	18.36	18.04	18.81	19.38

续 表

2017 排名	公 司	国家	2011	2012	2013	2014	2015	2016	2017
11	丰田	日本	3.85	4.20	3.66	3.54	3.69	3.72	3.76
12	强生	美国	11.11	11.61	11.40	11.47	11.43	12.91	12.65
13	通用汽车	美国	/	5.41	4.84	4.63	4.75	4.92	4.87
14	辉瑞	美国	14.41	14.87	13.69	12.95	16.92	15.74	14.90
15	福特	美国	3.88	3.91	4.12	4.36	4.65	4.48	4.81
16	戴姆勒	德国	4.29	4.70	4.51	4.52	4.41	4.00	4.24
17	甲骨文	美国	12.69	12.18	13.04	13.46	14.45	15.62	18.07
18	思科	美国	13.17	13.47	11.91	12.22	13.35	12.63	12.78
19	本田	日本	5.46	6.54	5.67	4.78	4.55	4.50	4.94
20	脸书	美国	7.29	10.46	27.49	17.98	21.39	26.86	21.42

资料来源：根据思略特发布《2017 年全球创新 1 000 强》的数据计算。

20 世纪 90 年代中期以来，日本政府开始引导企业开展基础研究，探索适应基础研究发展特点的新型产学官合作机制，企业也纷纷开始建立“基础研究所”。日本政府从人才、信息、基础设施等方面营造良好的环境，提出了构建超级特区的制度改革，制定了“大挑战研究框架”项目，创设了“支援尖端研究制度”，设立世界顶级研究基地形成项目（World Premier International Research Center），吸引世界顶级科研人员，通过跨部门、跨区域实施重点研发项目，大力开展打破常规和发起新挑战的高风险、高回报研究。2015 年日本研发投入占 GDP 的比重为 3.29%，居世界第三位。

通过设立基金来推动企业和大学、科研院所共同推进重大战略技术的创新是世界各国的通行做法。2017 年 4 月，英国设立了“产业发展挑战基金”，计划在 4 年内投入 10 亿英镑用于支持前沿领域发展，旨在通过学术界和产业界的共同创新努力，找到英国产业发展的关键挑战，推动英国成为未来产业发展的领导者。近年来，美国联邦政府通过发布国家创新战略、年度科技优先领域、建立跨部门协调机制等政策措施，大幅加强了统筹联邦各科技管理机构、私营部门、大学和非盈利研究机构创新资源的力度。白宫还设立了大量临时性的跨部门的协调机制，如区域创新集群部际工作组、碳捕集与封存部际工作组等，旨在形成各政府部门之间的合力，确保部门、行业间创新的协同性和高效性。

韩国最先设立了创新技术准备金制度来引导企业加大研发投入（周海涛和林映华，2016）。韩国政府规定企业可按收入总额的 3%—5%提取技术创新准备金，在研发投资发生前作为损耗计算，并允许在以后的 3 年内用于技术开发及与之相关的活动，享受相应税收优惠。

第二，大力扶持中小微企业创新，全方位促进以企业为核心的科技成果转移转化的市场化驱动机制。

努力建设科技成果转化的市场驱动机制是促进科技企业进行成果转化的普遍做法。国内外促进科技创新成果转化的主要做法，给我们的启示主要有以下三点：

一是以市场为导向，构建多元化的知识产权（主要是发明专利）融资机制。美国以市场导向为基础，依托其发达的资本市场和金融体系，构建了知识产权证券化、信托、融资担保相互融合的融资机制。中小企业可以根据自己拥有发明专利的具体情况选择不同的融资机制。如果企业的专利价值较高，容易被金融机构认可，企业就可以选择以专利作为担保物，通过融资担保的形式直接、快捷地从市场获得资金。如果企业拥有的专利具有稳定的许可使用费收入，就可以选择将知识产权交由专门的资产证券化公司，由其将各种相关专利组成专利池，并以此为基础发行证券，为企业融资。如果专利权属于难以完成专利产业化的个人或科研机构，他们可以选择专业的专利信托管理公司，将专利交给信托公司经营运作从而获得预期收益。在美国，知识产权证券化、信托、融资担保机制往往相互融合、优势互补，最大限度地发挥知识产权融资的协同效应。例如，在知识产权证券化过程中，信托管理公司往往扮演着特殊目的信托（Special Purpose Vehicle，SPV）的角色，将信托资产与知识产权人的其他资产隔离开来，作为“防火墙”规避知识产权融资遭受知识产权人破产风险的影响。同时，为增强投资者信心，拟进行证券化的知识产权通常会办理担保登记，为投资者的债权提供保障，以便证券的顺利发行。近年来，中关村、张江、杭州等地都在破解科技型企业融资难题方面进行了突破性探索。例如杭州市政府改革了科技资金使用方式，按照“政府引导、市场化运作”的思路，通过建立科技银行探索新的商业模式“政府支持＋科技担保＋额外风险收益补偿”，即政策性科技担保公司完善新服务方式，政府给予风险补偿和激励，实现“政银保”三方联动，切实破解科技型中小企业融资难。

二是建立充分整合技术、资本、市场等创新要素的协同转化模式。为适应科技成果向市场转化过程中产生的对专业化、职业化的科技转化服务迫切需求，提高科技成果转化成功率与效率，在中关村开放实验室基础上，组建了中关村天合科技成果转化促进中心。中关村天合科技转化促进中心聚焦从科技到市场以及从市场到科技的双向转化促进服务，提供包括评价体系、转化促进、资源配置、专家智库和科技成果信息网络等在内的科技成果转化全流程、全系统、全过程服务，探索应用研发、技术转移、创业孵化、创业投资相互融合的新型服务模式。中关村天合科技转化促进中心聚集政、产、学、研、金、介、贸、媒、用等创新要素于一体，面向市场需求，实现科技服务资源的垂直整合、跨界融合，通过要素间的协同转化，提供深度挖掘、专业策划、过程促进、资源整合等系统化、职业化、专业化、市场化的系统服务，探索和打造了中国科技成果转化创新服务的一个新模式(孙庆文等，2016)。

三是以公私合作机制(PPP)推动科技创新成果的转移转化。在科技成果转化中，美国特别重视以公私合作机制来统筹联邦研究机构、私营部门、大学和非盈利研究机构的创新资源。在美国国家实验室与私人企业之间的合作研发协议(CRADA)机制下，国家实验室和企业之间形成了优势互补、各取所需的高效合作模式，共同建设"产业友好"(industry friendly)的国家实验室技术转移转化支撑体系。国家实验室可以获取更多的外部资源，推广科研成果，强化学术影响力；企业则获得应用技术和知识产权，提升市场竞争力和公司估值。如，美国联邦实验室技术转移联盟(FLC)，承担了技术情报交流和成果信息服务职能，向任何有技术需求的企业介绍国家实验室的有关成果和研发项目；NASA 于 2015 年建立"startupNASA"网上平台，创业公司只需在线申请即可获取 NASA 旗下实验室的专利授权，而且在公司正式出售产品之前不收取专利授权和使用费。

第三，多渠道大力培养本国科技创新人才，培育创业团队，积极吸引和网罗国际优秀创新人才。

培养和引进并举是发达国家科技创新人才战略的共同特征。科技创新人才和创新创业团队是企业向全球价值链中高端攀登的关键要素，是维持国家持续竞争力的关键资源，科技人才及其掌握的知识和技能的流动，是协同创新体系有效运作的关键。进入 21 世纪后，世界各国都高度重视科技创新人才的培养，并制定了各种制度和优惠政策来争夺各种创新人才。

先进的教育体系为德国培养了多层面、多领域的创新型人才。德国被誉为“工程师与发明家的国度”，高素质的创新型人才是构成德国经济核心竞争力的关键。作为世界上第一个实施《义务教育法》的国家，德国教育以 12 年免费义务教育为基础，实行了全覆盖、大投入的国民教育体系。德国坚持高等教育和职业教育双管齐下，齐头并进；采用人才“分流”培养模式，因材施教，坚持培养研究型人才和实用型人才并重。其中，德国人才培养模式的初次“分流”，也是最主要的一次“分流”发生在小学毕业。德国学生在接受 4 年小学教育后，根据个人选择并结合学业成绩，一部分升入文理中学，毕业后大多进入大学深造；另一部分升入实科中学，未来将成为工业企业的技术员、地方行政机构的中级职员，商店经理等；还有一部分小学毕业生升入普通中学，毕业后一般到工厂企业当学徒工、手工业者和事务员，也可以进入各种职业学校深造。德国为了促使高校体制能够更加适合激烈的国际竞争，积极推行包括精英大学评选、研究生院、经营集群和未来构想等领域的“精英倡导行动”。同时，德国还非常注重培养大量面向产业创新实际需求的专业型的技术人才，如产品研发、流程优化、物流配送和市场营销等。

美国是公认的教育强国，除了成熟的创新人才培养体系外，还构建了有效的全球人才引进机制。一方面，美国政府在教育部设立国际交流局，在奖学金和学费上给予外国留学生与本国学生同等待遇；另一方面，美国政府通过不断修订移民法，放宽限额，强化技术移民优先，进一步吸引和接纳全球一流的创新人才为美国服务。此外，美国还形成了优胜劣汰的市场化人才竞争机制和跨学科、跨行业、跨领域、跨部门的人才流动机制。市场竞争机制不仅对在位者施以压力，而且为年轻人才提供了发展的动力和空间。人才流动机制不仅有助于造就具有广阔视野和战略思维的综合性创新型人才，而且以人才为载体，有助于跨学科、跨行业、跨领域的知识流动，从而推动了整体创新能力的提高。

（二）需求面科技促进政策

需求面政策已经成为世界各国推进科技创新成果产业化的重要政策。需求面创新政策设计的出发点是降低创新通往市场的障碍，其基本着眼点是通过针对消费者应用新技术的税收减免和退税，以技术为导向的公共采购，制定领先市场行动计划等，以帮助企业打开可预见的消费市场或潜在的消费市场，拉动整个新兴产业链条的系统创新和发展。

近年来，经合组织（OECD）国家高度重视并积极推行需求面创新政策，其目的是为了克服重大社会需求领域所面临的市场失灵和系统失灵，在不损害竞争的前提下通过政策手段有效拉动市场需求（彭春燕，2013）。经合组织需求面创新政策大多应用健康、环境单位等单靠市场机制不能满足社会需求的领域，或者在私人和公共力量相互作用的能源供给、交通等领域。第一，公共采购政策是促进创新最为普遍也是最为成熟的需求面政策工具。各国的政策实践中较为常见的是政府对中小企业提供购买其发展中的创新产品或服务的保证（彭春燕，2013）。直接对研发的采购是经合组织国家的亮点，即在研发的前商业化阶段进行采购，填补企业研发初期的资金不足和研发后期的市场需求不足的问题。第二，政府主导的示范项目建设。通过体制、政策和市场的综合设计，实施强有力的示范项目建设，成为发达国家推进新兴技术迅速商业化的重要途径。第三，通过消费者补贴和价格优惠来启动新兴市场的消费需求（廖晓东，2015；曾乐民，2015）。

创新产品与服务远期约定政府采购制度是国际上对政府采购引导企业创新的新探索。为了激励英国基础研究成果的产业化，2008 年英国商业创新和技能部正式推出了远期约定采购政策。该政策的主要内容和流程是：第一步，政府采购部门向市场发布未来需求，包括技术规格、产品性能和采购规模等；第二步，与响应的采购需求的企业或由企业、科研机构组成的联合体事先沟通协商，企业向政府采购部门提交创新解决方案；第三步，在企业提交的创新解决方案基础上，政企双方签订创新采购合同；第四步，当创新产品的性能达到合同约定时，政府部门按约定的规模和价格采购创新产品①。这种远期约定采购属于事后激励的方式，主要作用于创新链条的产品销售环节，不用公共财政解决研发投入问题。政府无须投入额外资金，只要为市场提供需求和销售前景，成为企业创新最早用户，通过解决创新产品的初级市场或领先市场问题，来降低创新产品和服务的市场化风险，即通过市场需求机制来引领企业创新。何悦和苏瑞波（2017）指出，这种政府采购制度设计充分遵循了资源和创新要素的市场规律，通过充分发挥政府的能动性，积极搭建创新主体和创新需求链接桥梁，进而推动了供应链、创新链、产业链中各要素的链接，从而实现创新的经济社会价值。借鉴英国经验，广东省率先在全国试行了该制度，于 2015 年 5 月制定了《创新产品与服务远期约定政府购买试行办法》。

---

① 英国商业创新和技能部同时承诺，一旦创新产品推向市场，产品的价格将由市场供求力量决定，而不是由采购价格决定。

（三）环境面科技促进政策

环境面政策工具主要包括标准设计、目标规划、金融支持、税收优惠、知识产权、法规管制等。近年来国内外主要采取的环境面科技促进政策主要有以下几个方面：

第一，通过规范产品的技术标准和环保、健康、安全等规范要求，建立正式的法规制度，规范产品性能，在促进新兴产业健康发展的基础上，促进产品标准上升为国家标准、国际标准，从而占据新兴产业全球竞争的战略制高点。技术标准是对产品的安全、性能、可靠性、规格和检验方法等所作的技术规定。政府通过颁布技术标准可以强行改变市场对产品的偏好，促进新兴产业按照自己的设计路径发展。事实证明，发达国家和跨国公司往往通过标准化战略，将知识产权、专利池战略和标准体系糅合在一起，制定有利于自己的游戏规则和产业秩序，其他人要么遵守这个标准，要么出局。近年来，发达国家以保护动植物生命健康、应对气候变化为由，依托政府法规的力量，不断提高能耗、环保等技术标准或者增加新的技术标准，以促进企业之间的良性竞争，推动符合环保安全标准的新技术、新产业对旧技术、旧产业的“创造性毁灭”。

第二，改革专利审批制度，更加注重知识产权在全球价值链治理中的核心作用，试图通过有效的知识产权战略推动技术创新成果的产业化，并塑造自己独特的市场竞争优势。例如，美国专利商标局实施了一系列旨在提高审查质量、加快审查速度、增强美国知识产权制度价值的重要措施，其中包括修改专利审查员计件奖励制度，采用一套更为复杂的新质检标准，改造信息技术基础设施，大量增加在网上免费发布的美国专利信息，加强知识产权执法，积极参与国际知识产权合作等，把知识产权作为国际竞争的利器（赵建国，2011）。

第三，大力发展促进科技创新成果产业化过程的科技中介服务业，促进企业的创新发展。发明专利的无形资产特性及供需双方信息不对称等，造成专利技术交易市场不易活跃，且专利产出经由营运评估规划、增值、移转、让与，并结合其他相关技术运用于开发新产品、产业或生产工艺等产业化过程，仍需投入大量资源。因此德国、日本等都开展了专利顾问辅导服务，提供专利技术产业化的协助辅导服务。德国扶持专利产业化以大学研发成果为基础，推动新创事业计划发展，由德国联邦教育与研发部主导，以教授为专家顾问，向学校师生提供辅导服务，如怎样撰写有关创意、发明、专利等的营运规划计划书，及如何将之事业化等。日本在推动发明专利产业化过程中形成了 INPIT 的专利产业化模式。日本产业知识产权情报研究中心（INPIT）为日本政府出资成立的独立行政法人，其主要任务为推动日本产学研机构的专利技术流通，将之运用于产业界。顾问派遣制度为其重要执行策略之一。INPIT 派遣顾问到研究机构及学校技转中心，辅导该单位把发明专利技术授权给企业运用，或协助研究机构成立新创事业。东京都中小企业公社则运用顾问派遣制度，协助东京地区的中小企业自行将专利技术产业化，或将其专利技术授权给大企业。

三、企业架构创新能力成长导向的创新政策设计

根据产业发展不同阶段对企业创新内在需求的不同，借鉴国内外围绕供给面、需求面和环境面的相关经验，着眼于企业架构创新能力成长，对产业孕育阶段、产业形成阶段和产业快速发展阶段的政策建议如下：

（一）产业孕育阶段围绕创新链培育产业链的政策设计

总体思路是，在产业发展的孕育阶段，重点围绕创新链培育产业链，着力培育新型科研机构，鼓励龙头企业开展市场导向型的基础研究，提升原创能力，全方位激发中小微企业创新创业活力，努力抢占全球新兴产业价值链的战略制高点。

第一，着力培育新型科研机构。广东等地的实践表明，新型科研机构已成为破解科技与经济发展“两张皮”的新探索、加快产业转型升级的新动力、聚集高端创新资源的新平台。借鉴广东等地的做法，可引导产业技术创新战略联盟、行业协会、商会、投资机构、骨干企业、高等院校及个人以多种形式创办新型科研机构，以公司制方式运作，按股权比例共享科研成果。一是制定《新型科研机构认定管理办法》，明确新型科研机构的认定条件、建设目标、运行机制、资金来源等具体要求。二是明确新型科研机构发展的战略指向，鼓励科研机构探索市场导向、研发与产业化一体推进的科研模式。三是制定促进科研机构发展的行动计划，鼓励形成多主体投资、多样化运营的场化运营机制，通过科技项目、专利资助、资金扶持等方面的优惠政策，扶持建立一大批投资管理分离、独立核算、自负盈亏的新型研发机构。对经认定的新型科研机构分期分批给予经费和项目支持。对重点新型科研机构建设实行“一院（所）一策”制度，根据实际情况给予重点倾斜扶持。四是出台专项财税政策，促进新型研发机构瞄准国际前沿科技、汇聚国际顶尖人才、构建国际一流水平的创新平台。

五是引导新型研发机构健康发展，打破传统科研机构的铁饭碗，形成“政”“产”“学”“研”“资”“用”一体化、创新创业创富一体化，研究开发产业一体化的创新机制，实现创新链、产业链、资金链的紧密融合，使之成为培育新兴产业、推动传统产业转型升级的新引擎。六是通过着力培育新型科研机构，以“新”促“旧”，激发传统高校、科研院所的创新活力，将雄厚的基础研究和丰富的创新人才储备转化为现实的生产力。

第二，支持和引导领军企业加强市场导向型的基础研究和原始创新。进入 21 世纪，科技创新成果产业化的周期越来越短，加强基础研究和原始创新已经成为全球领军企业的共同特征。基础研究和原始创新处于整个创新链的最前端，是新技术和新兴产业发展的源头，是新技术革命中竞争的焦点。基础研究、应用研究的边界越来越模糊，未来 30 年科技创新成果应用转化的周期将会进一步缩短，基于基础研究和原始创新的产学研合作将会更加深入。发达国家的领军企业都非常注重基础研究和原始创新。近年来美国基础研究经费支出大约 22%来自企业投入，Alphabet、英特尔、微软、罗氏制药、默克、诺华、强生、辉瑞、甲骨文等公司研发经费支出都占营业收入的 10%以上（见表 7-4）。基础研究已经成为这些企业确保其行业领先地位的重要举措。从表 7-5 可以看出，美国、日本、韩国、法国、英国等发达国家基础研究经费占全部研发经费的比重都远远超过中国，甚至印度基础研究费用的支出比重也高达 16%。

表 7-5　世界主要国家研发费用支出比例(%)结构比较

	基础研究	应用研究	开发研究	其　他
美国(2015 年)	16.9	19.6	63.5	0.0
中国(2015 年)	5.1	10.8	84.2	0.0
日本(2015 年)	11.9	19.9	63.7	4.5
韩国(2015 年)	17.2	20.8	61.9	0.0
法国(2014 年)	24.4	37.6	34.7	3.3
印度(2009 年)	16.0	22.3	23.5	38.3
英国(2014 年)	16.9	43.3	39.8	0.0

数据来源：Science and Engineering Indicators 2018。

着力推进本土企业成为市场导向型基础研究和原始创新的真正主体时，一要通过加大基础研究费用加计扣除比例等税收优惠政策和管理体制创新，引导有条件的企业特别是行业领军企业从事面向产业共性需求的基础研究和原始创新，逐步改变大企业 R&D 投入中基础研究经费比例过低的局面。二要支持行业领军企业建设高水平的关键技术研究院，鼓励企业对约束产业发展的关键技术、瓶颈技术和竞争前共性技术开展前瞻性、原创性的探索研究和重大战略产品的系统设计。三要大力推动企业和高校联合共建科技创新前沿领域的重点实验室。校企联合共建重点实验室有利于将高校创新资源优势、科技人才优势与企业的产业市场优势、研发投入优势紧密结合，形成市场引导科研、科研服务产业的创新生态体系，培养出大量基础知识扎实、综合素质高强、适应能力强的复合型高级人才。通过长期持续的联合实验室建设，形成大学、科研院所和企业之间形成良好的互动关系，高校、科研院所的基础研究成果和原始创新就可以顺利地转移给企业进行产业化。建议各级政府制定专门的财政政策和相关制度来大力推动企业和高校联合共建科技创新前沿领域的重点实验室。

第三，基于国内需求大力培育高端应用的领先市场，努力抢占新一轮新技术革命的战略制高点。基于国内需求大力培育领先市场是中国战略性新兴产业高端化发展的重要途径。领先市场是核心技术成为全球产业标准和主导设计的关键。在战略性新兴产业的培育中，一个国家或地区能否成为领先市场，以及领先市场的成熟程度，在很大程度上决定着核心技术及其产业标准能否成为被世界广泛采纳的全球主导设计。领先市场形成的实质是通过架构创新构建了技术创新与市场需求之间的正反馈机制，呈现出核心技术创新的乘数效应和相关产业的连锁反应。基于模块化的架构创新有利于克服不同国家和地区间的需求差异，实现核心技术、产业标准和主导设计的全球扩散。上述结论给我们的政策启示是，政府需要从扩大有效需求规模和调整需求结构相结合的角度实施领先市场培育的需求侧政策。一方面，各级政府要大力采购本土具有领先市场潜力产业的产品，通过财政补贴、税收优惠、消费补贴等措施来刺激有效需求规模以增加本土企业市场份额。另一方面，通过宣传、教育等方式普及领先市场的创新设计，引导消费者改变需求偏好等手段，培育本土市场高端需求以引领本土企业的创新设计向高端攀升。

第四，积极培育天使投资。一是，取消上海等地的天使投资失败补偿措施，实施对风险投资机构投资收益的税收优惠或减免，投资风险损失的税收抵扣制度。天使投资失败补偿措施虽然可以鼓励天使投资的发展，但负面效应也很大，建议取消天使投资失败补偿措施。根据天使投资周期长、风险高、失败率高的特征，根据投向种子期、初创期等创新项目的投资数额，适度减免天使投资企业的企业所得税。对天使投资机构的投资收益实施税收优惠。天使投资机构的经营性亏损、转让未上市风险企业股权产生的资本损失，可以抵扣该年度的资本利得收入；如果不能完全抵扣，可在第二年之后的 10 年内或不限定年限的结转期限①。天使投资机构在投资获利后的再投资进行税收减免。降低有限合伙人、天使投资机构高管、从业人员的个人所得税，鼓励他们将税负减免部分再次投资。完善天使投资退出机制，对实现天使投资退出的企业并购行为给予适当的税收减免。

二是，明确合格"天使投资人"的资格条件，降低天使投资门槛，建立天使投资人登记制度，实施天使投资个人所得税抵免政策，鼓励高净值人士进行天使投资。为了避免不合格的群体进入高风险的天使投资领域，方便对天使投资人群体的管理和服务，建立天使投资人登记制度，严格限定合格"天使投资人"的资格条件。建议"合格的"天使投资人的标准设为个人或家庭净资产超过 100 万元，或个人年收入超过 20 万元，或夫妻年收入超过 30 万元。实施个人所得税投资额抵免的税收优惠政策，即对天使投资人当年的投资额，在申报缴纳个人所得税时分摊抵扣该投资人当年的个人所得税应纳税额。

三是，对天使投资分红收入、资本转让收入给予个人所得税优惠政策。对天使投资人在天使投资期间超过 1 年以上 5 年以下的分红收入，按 25%计入个人所得税应纳税所得额，按照 20%的比例税率计算缴纳个人所得税。对于长期投资(5 年以上的)分红收入，在 25%计入应纳税所得额的基础上，再优惠 50%，也就是按分红收入的 12.5%，计入应纳税所得额，按照 20% 的税率计算个人所得税。对天使投资转让收入给予个人所得税优惠 50%的政策(张佩峰，2015)。

四是，建立天使投资学院，推动天使投资网络化发展。联合投资、分散投资、网络化和虚拟化发展是国内外天使投资发展的重要趋势。联合大学、科研院所、国内天使投资机构和天使投资人，建立天使投资学院，培育一支专业化、

---

① 中国企业所得税规定对企业的亏损最长弥补年限为 5 年。为了鼓励天使投资的发展应给予其更优惠的亏损结转待遇。澳大利亚、英国、德国、新西兰等都给予了天使投资亏损额无限期经营亏损结转的政策优惠。

高层次的天使投资团队。加快建设类似于美国 TCN 的天使投资网络或天使投资信息平台，定期组织论坛、沙龙和专项对接会，促进天使投资机构合作交流、信息共享，加强天使投资机构与企业间有效对接。引导和鼓励社会性天使投资网络发展，根据年度融资及服务情况给予政府补贴支持。

（二）产业形成阶段围绕核心技术链部署外围技术链的政策设计

总体思路是，在产业发展的形成阶段，重点围绕核心技术链部署外围技术链，以本土领军企业为核心，围绕自己的重大创新成果和核心专利，构建核心层稳固的开放式创新战略联盟，凭借中国庞大的内需市场迅速形成大规模的初始用户基数，积极参与全球性的主导设计竞争，适时提出自主的体系结构和产业标准。构建本土企业引领中小企业协同创新的新型产业组织体系，以整体合力构建专利池抢占全球新兴产业价值链的关键环节。

第一，建立健全知识产权预警机制，发布新兴产业技术路线图，引领全社会资源系统创新。各产业中龙头企业或领军企业通过大力推进企业院士工作站建设和领军人才培育，定期发布重点技术领域、重点产业的知识产权发展态势报告和产业技术发展趋势报告，增强中小科技企业预测和判断产业主导技术和主导设计演进方向的能力，进而引领产业主导技术路线形成和全社会科技资源的系统创新。通过对当前国内科技创新和技术储备状况的清查、评估，摸清中国战略性新兴产业的家底，调查清楚产业面临哪些瓶颈问题，哪些方面的技术是缺乏的，哪些方面的人才是匮乏的，哪些方面的需求还没有启动等情况。从技术、经济、配套条件等角度分析和判断，10 年和 20 年后中国在这些领域的科技创新和产业化培育能否达到目标要求，自主创新的差距主要有哪些，并着重分析中国在该领域关键技术在 2020 年或 2030 年发展成熟度以及获得(自制或外购)该关键技术的难易度。通过对国际技术发展趋势和产业化应用的动态跟踪、监测和预见，制定和发布各产业的技术战略图，引导社会各界的力量，把各种创新资源配置于共性技术和关键技术的研发，即通过顶层设计、规划和管理，提升整个系统的创新效率。

第二，以龙头企业为核心，形成核心层稳固的开放式战略联盟，迅速构建“前端控制”型专利池。借助中国庞大内需市场的最大优势，迅速形成初始用户的安装基数，在主导技术形成的关键期中寻求机遇，在全球产业标准的形成过程中掌握一定的话语权和制定权。“前端控制”型专利池是指本土领军企业在组建开放式创新协同网络之初，就着眼未来的主导设计、专利池战略和标准竞争，明确技术主导范式，选择恰当的合作伙伴，分工研发核心技术和外延必要技术，然后各成员贡献各自的核心专利，构建专利池，从本源上解决专利丛林障碍和标准竞争威胁，从而推动产业向全球价值链中高端攀升，进而占据全球产业制高点。显然，这种具备“前端控制”机制的创新生态网络可以在一定程度上减少重复研发投入的浪费，降低研发风险，并集成不同企业的技术和市场实力，更快达到市场临界容量，扩大用户安装基础，从而引发正反馈的网络效应，推动技术标准成为事实标准。因此，中国产业的飞跃和突破必须有重点、有目的、有目标、有步骤地构建开放式技术创新网络，并通过专利池的运作和标准平台打造自主创新高地。例如在炙手可热的人工智能领域，需要抓住全球人工智能产业的基础技术和主导技术即将形成的战略机遇期，在人工智能的关键领域获取产业先发优势，以谋求产业标准的制定权，抢占全球价值链制高点。

第三，鼓励中小企业参与本土龙头企业为核心的协作配套型协同创新。建立以龙头企业为核心的战略性新兴产业技术联盟，有效整合社会的各种创新资源。专利标准化是专利实施和产业化的高级阶段，标准的制定是一个多方利益主体的博弈过程，在美国、欧盟、日本等都是由龙头大企业领衔产业标准。中国的龙头企业要树立标准竞争的意识，在技术升级和技术断层中寻求机遇，实施恰当的标准竞争战略，通过与区域内外企业的战略合作，在技术研发阶段建立合作开发联盟，在技术扩散阶段建立技术转让联盟，并同上游和下游企业建立纵向联盟，形成核心层稳固的开放式战略联盟，在协调一致的基础上逐步形成自主的体系结构和产业标准。制定优惠政策支持中小企业参与战略性新兴产业链关键技术和零部件的专利研发，引导中小企业依托龙头企业的核心技术和核心专利，开展特色和优势技术研发，积极申请外围专利和改进专利，支持中小企业合法利用国内外的无效专利、失效专利。鼓励中小科技企业与龙头企业之间依托核心发明专利和必要发明专利组建具有“新水桶效应”的“前端控制”型专利联盟。通过组建战略联盟，加快发明专利的转化、产业化和技术标准推广的步伐，从而使企业的研发、生产和经营形成良性循环，使发明专利快速成为市场竞争中的事实标准，使“前端控制”型专利池逐步具备抗衡国外专利池和标准组织的技术威胁。

第四，完善科技金融服务体系，切实降低中小企业创新创业的资本成本。解决科技型中小企业融资难、融资贵是科技金融创新的首要目标。长期以来，中国在研发、中试、批量生产之间投入的资金比例严重失调，投入中试和批量生产的资金远远不够。中国对高新技术产业化的资金支持主要体现在前期投入上,且以政府投入为主,规模普遍较小。到了高新技术产业化中后期,政府投入减少,而社会化投融资机制尚未形成,政府资金的引导放大效应没能体现,从而导致高新技术产业化的资金缺口较大。产业化资金投入不足,多元化、多渠道、多层次的投融资机制尚不健全,严重制约了中国科技型中小企业的规模化发展。在这些企业中,有相当一部分具备高成长性的潜质,其科技创新成果转化后会产生良好的经济效益和社会效益,因此需要构建一个由商业银行、创投机构、担保机构、保险机构、专利池机构、专利银行机构、专利评估机构等各利益主体有机协同的长效机制,以实质性地支持科技创新成果的转移转化(刘芸和朱瑞博,2013)。

一是,鼓励龙头企业创建专利联盟。鼓励以龙头企业为核心创建专利联盟,除了整合上下游产业链的技术优势,共同应对国际专利诉讼的目的外,还具有对进入专利联盟的中小微企业信用增级的重要作用。

二是,切实化解商业银行、担保公司、专利评估中心、保险公司等利益主体之间“收益与风险”不对称问题。通过合理分担商业银行、担保公司和专利评估中心投保份额,切实解决三大利益主体之间“收益与风险”的不对称,责任权利不匹配问题。其中,专利评估公司要对自己的专利评估结果和评估质量负责,因此需要承担40%左右的投保份额,商业银行也要切实履行贷款后的监督职能,和担保公司一样各自承担30%左右的投保份额。通过保证金认购方式组建由政府、担保机构和贷款协作银行作为会员的再担保中心,进一步化解专利质押贷款风险,降低担保公司的风险。保险公司则主要通过把资产证券化销售给追逐高利润的风险投资者,进而转移一部分贷款违约风险。建立和完善对中小微企业征信评级,引入声誉治理机制,将评价与担保额度、成本挂钩,从而切实解决相关利益主体的收益与风险不匹配问题。

三是,健全、完善多层次资本市场解决天使投资、私募股权投资、创业投资等的市场退出问题。

四是,鼓励商业银行与私募股权投资、创业投资等风险投资公司进行深度合作。与风险投资机构建立紧密的合作关系一直是硅谷银行最重要的成功经验。长期以来,硅谷银行非常注重与风险投资公司的深度合作,目前硅谷银行是200多家风险投资基金的股东或合伙人,形成了一个信息共享的关系网络。通过同时为风险投资机构和其所投资的企业提供银行服务,硅谷银行大幅降低了对科技型中小微企业贷款的风险。借鉴硅谷经验,中国各级政府也需要鼓励商业银行与风险投资公司进行业务合作，借助风险投资的力量实现对优质客户的低成本筛选与甄别，进而降低中小微企业的融资成本。

五是，建立科技型企业融资联合担保平台。高风险、高收益、实物抵押条件不足等特点与传统银行“安全性、流动性、盈利性”经营准则之间的差异是造成科技型中小企业融资困境的根源，信用担保机制被认为是解决中小企业融资难、贷款难的一个有效措施。

六是，大力培养既懂技术，又懂金融，具有国际视野的复合型人才，加强对新型金融机构人才引进的政策支持，完善科技金融服务的人才队伍建设。

（三）产业快速发展阶段围绕产业链部署创新链的政策设计

在产业发展的快速发展阶段，核心是推动价值链分工的深化和互补品的开发，打造自主可控的全球价值生态网络，重点是围绕产业链部署创新链，强化重点发展产业创新体系和重大专项的顶层设计，实施产业链整合战略，着力突破跨国公司的技术封锁和知识产权壁垒，通过制造业服务化和产业链的整合重组，围绕创新链、产业链和价值链做系统文章，以企业加速器建设、制造业服务化和供应链融资为纽带，引领价值链中的中小微企业快速发展，形成系统合力，不断向全球价值链中高端攀升。

第一，强化重点发展产业创新体系和重大专项的顶层设计，改变“单兵作战”的传统做法，切实推进产学研用的协同创新，形成“集团军作战”的新模式。以中国本土市场的需求为导向，围绕未来重点发展的支柱产业和潜力产业，找出产业链中受制于人的薄弱环节，明确需要重点突破的关键“瓶颈”，按照有限目标、有限时段、有所为有所不为的原则，凝练重大专项，改变科技项目“单兵作战”的传统做法，整合项目、人才、平台等科技资源，部署一条从基础研究、应用基础研究到产品开发再到产业化示范的完整创新链。围绕创新链和产业链不断提升产业全球价值链地位，切实推进产学研用的协同创新，形成“集团军作战”的新模式。

第二，鼓励产业领军企业建设“企业加速器”，引导中小企业的快速成长。“企业加速器”以高成长企业为主要服务对象，通过服务模式创新，满足高成长企业对于空间、管理、服务等多方面的个性化需求，帮助其突破成长过程的关键性障碍、平抑成长发展的风险和波动，高速实现规模化的扩张发展，稳定步入健康成熟的发展阶段。这种政策设计的核心在于构筑起支持企业“孵化—成长—成熟”的承接递进的完整政策路线，并建立起“加速成长—保留与收获创新价值——反哺创新孵化”的政策反馈回路(程郁和王胜光,2009)。制订全社会建设和进入企业加速器的激励政策。一是,鼓励社会资本投资建设加速器,鼓励加速器增加基本建设投资。二是,鼓励加速器吸引企业入驻,降低企业成本。三是,鼓励加速器建设和完善企业服务平台、公共技术与产业化平台,提升服务水平。四是,鼓励加速器培育上市企业。

第三,努力培育和创造有利于企业实施制造业服务化的环境,鼓励领军企业实施传统制造业服务化引领战略。制造业服务化是指企业将以产品为中心的制造业向服务增值延伸,企业不再是单一的产品提供者,而是集成的系统服务提供商,即企业将传统制造环节向“微笑曲线”的两端延伸,围绕制造业生产过程中的前端和后端业务,开展专业服务活动。

第八章　结论和展望

一、研究结论

中国产业迈向全球价值链中高端、攀登全球产业技术制高点，需要深刻把握当前提升全球价值链的时代特征与中国情景的特殊性。中国情景的独特性，已经成为国际上研究中国问题的一个核心概念和理论前沿（魏江等，2014；吴东和吴晓波，2013；蔡莉和单标安，2013；陈晓玲 2013）。攀登技术制高点的中国情景极具特殊性，主要表现在：第一，技术情景的多层次性。中国的技术水平的梯度差异大，既有传统产业中的落后技术，也有与国际前沿处于同等水平的石墨烯、生物基因等高端基础研究，工业 1.0、工业 2.0、工业 3.0 和工业 4.0 同时并存。第二，市场情景的多元性。一是中国居民消费能力和消费层次双“提升”是中国产业迈向全球价值链中高端的基石。二是要素市场发展改革滞后，市场配置机制扭曲，是影响中国产业提升全球价值链地位的重要因素。三是有利于新技术新产品进入市场的政策法规体系仍然不健全。第三，制度情景的复杂性。一是科研体制与产学研转化机制不畅。目前中国尚未形成对各种创新主体进行协同创新的有效引导和激励的创新体系与制度安排。二是中央、地方政府管理体制障碍。中国幅员广阔，地区间的经济、技术发展水平以及自然条件差异很大，中国产业的转型升级需要中央政府和地方政府在规划制定和政策执行上有机协调。三是创新型人才培育制度落后，创新型企业严重不足。

在新科技革命背景下，中国本土企业需要从技术追随转变为技术超越或技术原创，这对企业提出了更新、更高的原始创新和架构创新活动能力基础要求。在新的历史背景下，原来“引进、消化、吸收、再创新”企业创新能力提升的分析框架和演进规律，已经不能满足本土企业跨越式赶超的需求，需要从企业内生性创新能力积累的因素入手。迪瑞克斯和库尔(Dierickx and Cool，1989)指出，企业持续竞争优势的因素往往需要企业内生渐进积累才能获取。

振华重工的案例告诉我们，技术创新能力的层级和大小决定了企业获得附加值的高低。当企业仅仅拥有组装加工的组合能力时，其面临的就是微笑曲线的中段，只能获取较低的加工费；当企业拥有较高的系统设计能力时，就可以突破客户的"点装"困境，把高附加值的核心模块和关键环节的利润收归己有；当企业拥有较高的自主建构能力时，就可以构筑跟随模仿者的进入壁垒，从创新中持续获利。后发企业从创新中持续获利的关键是以终端产品为平台，以产品整体性能的提升为指向，大力提升技术创新能力的层级和大小。

72家汽车产业上市公司的定量研究表明，架构创新能力对全球价值链地位提升具有显著的正向促进效应。架构创新能力越强，企业在全球价值链中的地位越高，企业绩效越好。具有较强架构创新能力的企业，其全球价值链地位和公司绩效要明显高于具有较弱架构创新能力的企业。架构创新能力对企业全球价值链地位指数提升、企业绩效(总资产报酬率、净利润率)具有一定的滞后效应。研发投入力度对企业绩效(总资产报酬率、净利润率)具有一定的滞后效应。越强的架构创新能力越有利于企业全球价值链地位指数的提升。

在振华重工和比亚迪汽车案例研究的基础上，本研究认为成熟产业攀登全球价值链中高端的历程可以划分为初级的产品集成创新阶段、产品架构创新阶段、全球价值生态系统形成阶段(见图5-2)。在产品集成创新阶段，本土企业利用集成能力遵循国际标准对通用模块和专用模块进行集成创新，开发出自己的关键模块，设计出满足本土利基市场需求的创新产品，使之成为区域性的主导设计。在这个阶段，本土企业的角色主要是市场需求发现者和整合性产品的架构设计师。在产品架构创新阶段，企业需要基于低端市场获得的经验和积累的技术能力，着眼于制约整个产业发展的产业共性技术瓶颈，推动核心价值模块的升级，通过界面与标准重构对通用模块和专用模块进行关键模块创新，形成新的技术轨道，开发设计出能够满足本土主流市场的创新产品，确立自身在本土市场上主导设计的地位。在全球价值生态系统形成阶段，本土领军企业的角色是系统设计师、产品平台提供者，重要任务是培育能够设计和交付某一系统部件或专用模块的供应商网络体系，以及能够满足全球不同消费者需求的互补品制造商。面对新的市场需求，本土领军企业能够通过契约关系、信任机制、市场协调等综合手段来动员整个价值创新网络所有结点同时进行创新，并在相互配合中取得协同效应。

围绕主导设计的技术标准竞赛是全球战略性新兴产业萌芽与形成阶段竞争的焦点。一个国家或地区能否成为领先市场以及市场的成熟程度在很大程度上决定着其核心技术及其产业标准能否成为被世界广泛采纳的全球主导设计。领先市场形成的实质是通过架构创新建立了技术创新与市场需求之间的正反馈机制。新兴产业全球价值网络的形成逻辑和发展历程可以划分为初创、快速发展、完善和成熟三个发展阶段。

在产业发展的不同阶段，各类创新主体、中介服务机构和政府发挥的作用是不同的，创新链、产业链和价值链具有不同的特征，具有不同的内在要求。深入研究和把握产业演进发展的一般规律，进而抓住企业转型升级、迈向全球价值链中高端面临的不同机会窗口，围绕创新链、产业链和价值链的互动规律，制定不同阶段的政策重点，是提升中国产业全球价值链地位的关键。在研究产业发展不同阶段创新链与价值链互动规律的基础上，本研究借鉴国内外推进企业转型升级的供给面、需求面、环境面政策经验，着眼于企业架构创新能力提升，从产业发展的不同阶段提出了迈向全球价值链中高端、抢占全球产业技术制高点的政策建议。

在产业孕育阶段，核心是围绕创新链培育产业链。在产业发展的孕育阶段，重点是围绕创新链培育产业链，着力培育新型科研机构，鼓励龙头企业开展市场导向型的基础研究提升原创能力，全方位激发中小微企业创新创业活力，努力抢占全球新兴产业价值链的战略制高点。

产业形成阶段的核心是围绕核心技术链部署外围技术链。在产业发展的形成阶段，重点是围绕核心技术链部署外围技术链，以本土领军企业为核心，围绕自己的核心专利，构建核心层稳固的开放式创新战略联盟，凭借中国庞大的内需市场迅速形成大规模的初始用户基数，积极参与全球性的主导设计竞争，适时提出自主的体系结构和产业标准。同时，构建本土企业引领中小企业协同创新的新型产业组织体系，以整体合力构建专利池，抢占全球新兴产业价值链的关键环节。

产业快速发展阶段的核心是围绕产业链部署创新链。在产业发展的快速发展阶段，核心是推动价值链分工的深化和互补品的开发，打造自主可控的全球价值生态网络，重点是围绕产业链部署创新链，强化重点发展产业创新体系和重大专项的顶层设计，实施产业链整合战略，着力突破跨国公司的技术封锁和知识产权壁垒。通过制造业服务化和产业链的整合重组，围绕创新链、产业链和价值链做系统文章，以企业加速器建设、制造业服务化和供应链融资为纽带，引领价值链中的中小微企业快速发展，形成系统合力，不断向全球价值链中高端攀升。

二、研究局限之处和未来研究方向

第一，测度架构创新能力的方法和模型有待进一步验证和完善。本研究通过案例研究得出了架构创新能力的特征模型及其构成要素，设计了关于测度市场感知能力、新技术感知能力、探索与利用的双元性能力、产品架构设计能力、网络规划与构建能力、网络治理能力的10级李克特量表，并通过10位汽车领域内的专家“背对背”打分的方式衡量了这些能力的大小，进而运用时序全局的主成分分析法得出全球价值链地位指数。这种分析方法还有待进一步验证其合理性，并通过更多样本的研究来完善架构创新能力测度方法。

第二，缺少更大样本数量经济学分析以验证探索性案例所得出的结论性假说。统计分析方法主要基于一定的理论假设通过大样本调查对理论进行检验。子研究三在探索性案例研究基础上，对企业架构创新能力成长与攀登技术制高点及其对企业创新绩效之间的关系进行实证检验，在此基础上，需要通过更大样本的数量经济学研究方法进行实证分析。本研究主要使用汽车产业72家上市公司的数据，定量研究了架构创新能力对全球价值链地位提升的关系。未来的研究应该超越汽车产业，用更多产业的数据来定量研究架构创新能力对全球价值链地位提升的作用。

主要参考文献

Abernathy W J, Utterback J M. A Dynamic model of process and product innovation [J]. Omega, 1975, 3(6): 639-656.

Abernathy W J, Utterback J M. Patterns of industrial innovation[J]. Technology Review, 1978, 80(7): 40-47.

Abramovitz M. Resource and output trends in the United States since 1870[J]. American Economic Review, 1956, 46: 5-23.

Agarwal R, et al. Spillovers across organizational architectures: the role of prior resource allocation and communication in post-acquisition coordination outcomes[J]. Strategic Management Journal, 2012, 33(6): 710-733.

Allen R H, Sriram R D. The role of standards in innovation[J]. Technological Forecasting and Social Change, 2000, 64(2-3): 171-181.

Ambrosini V, Bowman C. What are dynamic capabilities and are they a useful construct in strategic management[J]. International Journal of Management Reviews, 2009, 11(1): 29-49.

Amin A, Thrift N. Neo-Marshallian nodes in global networks[J]. International Journal of Urban and Regional Research, 1992, 16(4): 571-587.

Amir-Aslani A, Negassi S. Is technology integration the solution to biotechnology's low research and development productivity[J]. Technovation, 2006, 26(5-6).

Amsden A. The rise of "the rest": challenges to the west from late-industrializing economies[M]. New York: Oxford University Press, 2001.

Anderson P, Tushman M L. Technological discontinuities and dominant designs: a cyclical model of technological change[J]. Administrative Science Quarterly, 1990, 35(4): 604-635.

Antràs P, Chor D, Fally T, Hillberry R. Measuring the upstreamness of production and trade flows[J]. American Economic Review Papers & Proceedings, 2012, 102(3): 412-416.

Antràs P, Chor D. On the measurement of upstreamness and downstreamness in global value chains[R]. NBER Working Paper No. 24185, 2018.

Argyres N, Bigelow L, Nickerson J A. Dominant designs, innovation shocks, and the follower's dilemma[J]. Strategic Management Journal, 2015, 36(2): 216 - 234.

Arrow K J. Economicwelfare and the Allocation of Resources for Inventions[M]. Princeton: Princeton University Press, 1962.

Bair J, Peters E D. Global commodity chains and endogenous growth: export dynamism and development in Mexico and Honduras[J]. World Development, 2006. 34: 2, 203 - 221.

Baldwin C Y, Clark K B, The Option value of modularity in design[EB/OL]. [2002]. http: //www. people. hbs. edu/cbaldwin/DR2/DR1Option. pdf.

Baldwin C Y, Clark K B. Design Rules: The Power of Modularity[M]. MIT Press, 2000.

Baldwin C Y, Clark K B. Managing an age of modularity[J]. Harvard Business Review, 1997, 75(5): 84 - 93.

Baldwin C Y, Clark K B. The architecture of cooperation: does code architecture mitigate free riding in the open source development model? [R] Harvard Business School Working Paper No. 03 - 209, 2003.

Baldwin C Y. Where do transactions come from? modularity, transactions, and the boundaries of firms[J]. Industrial and Corporate Change, 2008, 17(1): 155 - 195.

Baptista R, Swann P. Do firms in clusters innovate more? [J]. Research Policy, 1998, 27(5).

Baptista R. Research round up: industrial clusters and technological innovation[J]. Business Strategy Review, 1996, 7(2).

Barney J. Firm Resources and sustained competitive advantage[J]. Journal of Management, 1991, 17(1): 99 - 120.

Baum J A C, Singh J V. Organizational niche and the dynamics of organizational founding[J]. Organization Science, 1994, 5(4): 11 - 26.

Bazan L, Aleman L N. Upgradingin global and national value chains: recent challenges and opportunities for the sinos valley footwear cluster[R]. Novara, 2003.

Beise M. Lead markets: country-specific drivers for the global diffusion of innovations [J]. Research Policy, 2004, 33: 997 - 1018.

Boumgarden P, et al. Sailing into the wind: exploring the relationships among ambidexterity, vacillation, and organizational performance[J]. Strategic Management Journal, 2012, 33(6): 587 - 610.

Brander J A, Lewis T R. Bankruptcy costs and the theory of oligopoly[J]. Canadian Journal of Economics, 1988, 21(2).

Brander J, Lewis T. Oligopoly and financial structure: the limited liability effect[J]. American Economic Review, 1986, 76(5).

Brusoni S, et al. Knowledge specialization, organizational coupling, and the boundaries of the firm：why do firms know more than they make? [J]. Administrative Science Quarterly，2001，46(4)：597 - 621.

Brusoni S，Prencipe A. A dialectical model of organizational loose coupling：modularity，systems integration，and innovation[R]. working paper，2005.

Cabigiosu A. Camuffo A. Beyond the "mirroring" hypothesis：product modularity and interorganizational relations in the air conditioning industry [J]. Organization Science，2012，23：686 - 703.

Cacciatori E，Jacobides M. G. The dynamic limits of specialization：vertical integration reconsidered[J]. Organisation Studies，2005，26(12)：1851 - 1883.

Campagnolo D，Camuffo A. The concept of modularity in management studies：a literature review[J]. International Journal of Management Reviews，2010，12(3)：259 - 283.

Carlson S C.，Patent Pools and the Antitrust Dilemma [J]. Yale Journal on Regulation，1999，16：359 - 399.

Cennamo C，Santalo J. Platform competition：strategic trade-offs in platform markets [J]. Strategic Management Journal，2013，34(11).

Charles W H. Establishing a standard：Competitive strategy and technological standards in winner-take-all industries[J]. The Academy of Management Executive，1997，11(2)：7 - 25.

Chesbrough H，Birkinshaw J M，Teubal M. Introduction to the research policy 20th anniversary special issue of the publication of "profiting from innovation" by David J. Teece [J]. Research Policy，2006，35(8)：1091 - 1099.

Chesbrough H，Kusunoki K. The modularity trap：innovation，technology phases shifts and the resulting limits of virtual organization[C]//Nonaka I，Teece D. Managing Industrial Knowledge[M]. Sage Press，2001.

Chesbrough H. Toward a dynamics of modularity：a cyclical model of technical advance[C]//Prencipe A，Davies A，Hobday M. The Business of Systems Integration [M]. Oxford University Press，2003.

Chesbruogh H. Toward a dynamics of modularity：a cyclical model of technical advance[C]//Prencipe A，Davies A，Hobday M. The Business of Systems Integration[M] Oxford University Press，2003：174 - 198.

Child P，Diederichs R，Sanders F-H，Wisniowski S. SMR Forum：The management of complexity[J]. Sloan Management Review，1991，33(1)：73 - 80.

Christensen C M，et al. Disruption，disintegration and the dissipation of differentiability[J]. Industrial and Corporate Change，2002，11(5)：955 - 993.

Christensen C M，Raynor M E. The innovator's solution：creating and sustaining successful growth[M]. Harvard Business School Press，2003.

Christensen C M，Suarez F F，Utterback J M. Strategies for survival in fastchangingindustries[J]. Management Science, 1998, 44(12): 207 - 220.

Christensen C M. The Innovator's Dilemma: When New Technologies Cause Great Firms to Fail[M]. Harvard Business School Press, 1997.

Cohen W M, Levinthal D A. A new perspective on learning and innovation[J]. Administrative Science Quarterly, 1990, (35): 128 - 152.

Colfer L. The mirroring hypothesis: theory and evidence on the correspondence between the structure of products and organizations[R]. Harvard Business School. Unpublished manuscript, 2007.

Cornelli F, Schankerman M A., Patent renewals and r&d incentives[J]. RAND Journal of Economics, 1999, 30(2): 197 - 213.

Csaszar F A. An efficient frontier in organization design: organizational structure as a determinant of exploration and exploitation[J]. Organization Science, 2013, 24(4): 1083 - 1101.

Cusumano M A. Staying power: six enduring principles for managing strategy and innovation in an uncertain world[M]. Oxford: Oxford University Press, 2010.

Day G S, Schoemaker P, Gunther R. Wharton on Managing Emerging Technologies [M]. John Wiley & Sons, 2000.

DiBiaggio L, Nasiriyar M. Knowledge integration and vertical specialisation in the semiconductor industry[J]. European Management Review, 2009, 6: 265 - 276.

Dietl H, Royer S, Stratmann U. Value creation architectures and competitive advantage: lessons from the european automobile industry[J]. California Management Review, 2009, 51(3): 24 - 48.

Dijk V T. Patent height and competition in product improvements[J]. Journal of Industrial Economics, 1996, 44: 151 - 167.

Dosi G, Faillo M, Marengo L. Organizational capabilities, patterns of knowledge accumulation and governance structures in business firms: an introduction[J]. Organization Studies, 2008, 29(8 - 9): 1165 - 1185.

Dutta S, Narasimhan O, Rajiv S. Conceptualizing and measuring capabilities: methodology and empirical application[J]. Strategic Management Journal, 2005, 26(3): 277 - 285.

Ebersole T J. Patent pools as a solution to the licensing problems of diagnostic genetics [J]. Intellectual Property & Technology Law Journal. 2005, 17(1): 6 - 13.

Eisenhardt K M, Furr N R, Bingham C B. Microfoundations of performance: Balancing efficiency and flexibility in dynamic environments[J]. Organization Science, 2010, 21(6): 1263 - 1273.

Eisenhardt K M. Building Theories from Case Study Research[J]. Academy of Management Review, 1989, 14(4): 532 - 550.

Elton C., Animal Ecology[M]. Sidgwick and Jackson, 1927.

Engle R F, Granger C W. Co-integration, and error correction: representation, estimation and testing[J]. Econometrica, 1987, (55): 251 - 276.

Eom J. Modularity and technological change: a primer and synthesis[J]. Asian Journal of Technology Innovation, 2008, 16(2): 1 - 24.

Ernst D. Global production network and Industrial Upgrading-knowledge-centered Approach[R]. East-Wester Center Working Paper: Economic Series, 2001.

Ethiraj S, Levinthal D. Bounded rationality and the search for organizational architecture: An evolutionary perspective on the design of organizations and their evolvability[J]. Administrative Science Quarterly, 2004, 49(3): 404 - 437.

Fernhaber S A, Patel P C. How do young firms manage product portfolio complexity? The role of absorptive capacity and ambidexterity[J]. Strategic Management Journal, 2012, 33: 1516 - 1539.

Ferraro F, Gurses K. Building architectural advantage in the US motion picture industry: Lew Wasserman and the music corporation of America[J]. European Management Review, 2009, 233 - 249.

Fixson S, Park J. The power of integrality: linkages between product architecture, innovation, and industry structure[J]. Research Policy, 2008, 37(8): 1296 - 1316.

Fixson S. Product architecture assessment: a tool to link product, process, and supply chain design decisions[J]. Journal of Operations Management, 2005, 23(3/4): 345 - 369.

Fjeldstad Ø D, Snow C C, Miles R E, Lettl C. The architecture of collaboration[J]. Strategic Management Journal, 2012, 33: 734 - 750.

Fontagne L, Gaulier G, Zignago S. Specialization across varieties and north-south competition[J]. Economic Policy, 2007, 23(53): 51 - 91.

Forsman H. Innovation capacity and innovation development in small enterprises. A comparison between the manufacturing and service sectors[J]. Research Policy, 2011, 40(5): 739 - 750.

Freeman C, Perez C. Structural crises of adjustment, business cycles and investment behaviour[C]//Dosi G, et al. Technical Change and Economic Theory[M]. Francis Pinter, London 1988: 38 - 66.

Fries S, Miller M, Perraudin W. Debt in industry equilibrium[J]. Review of Financial Studies, 1997, 10(1).

Frigant V, Talbot D. Technological determinism and modularity: Lessons from a comparison between aircraft and auto industries in Europe[J]. Industry and Innovation, 2005, 12: 337 - 355.

Galvin P, Morkel A. The effect of product modularity on industry structure: The case of the world bicycle industry[J]. Industry and Innovation, 2001, 8(1): 31 - 48.

Gardaker G, Ahmed P K, Graham G. An integrated response towards the pursuit of fast time to market of NPD[J]. European Manufacturing Organizations, 1998, 98(3).

Garicano L, Wu Y. Knowledge, communication, and organizational capabilities[J]. Organization Science, 2012, 23: 1382 - 1397.

Gawer A, Cusumano M A. Platform leadership: how intel, microsoft and cisco drive industry innovation[M]. Boston: Harvard Business School Press, 2002.

Gereffi G, Humphrey J, Sturgeon T. The governance of global value chains[J]. Review of International Political Economy, 2003, 11(4): 5 - 11.

Gereffi G, Humphrey J, Sturgeon T. The governance of global value chains[J]. Review of International Political Economy, 2005, 12(1): 78 - 104.

Gereffi G, Korzeniewicz M. Commodity chains and global capitalism[M]. London: Praeger, 1994.

GereffI G. International Trade and Industrial Upgrading in the Apparel Commodity Chain[J]. Journal of International Economics, 1999, 48(1): 37 - 70.

Gilbert R, Shapiro C. Optimalpatent length and breadth[J]. RAND Journal of Economics, 1990, 21(1): 106 - 112.

Gokpinar B, Hopp W J, Iravani S M. R. The impact of misalignment of organizational structure and product architecture on quality in complex product development [J]. Management Science, 2010, 56: 468 - 484.

Gokpinar B, et al. The impact of misalignment of organizational structure and product architecture on quality in complex product development[J]. Management Science, 2010, 56 (3): 468 - 484.

Gourinchas R. From world banker to world venture capitalist: us external adjustment and exorbitant privilege[R]. NBER Working Paper No. 11653, 2005.

Hall B H, Ziedonis R M. The patent paradox revisited: an empirical study of patenting in the semiconductor industry, 1979 - 1995[J]. RAND Journal of Economics, 2001, 32(1): 101 - 128.

Hannan M T, Freeman J. , Organizational Ecology[M]. Harvard University Press, 1989.

Hannan M T, Carroll G R, Pólos L. The organizational niche[J]. Sociological Theory, 2003, 21(4): 309 - 340.

Hannan M, et al. Cascading organizational change[J]. Organization Science, 2003, 14 (5): 463 - 482.

Hardin G. The tragedy of the commons[J]. Science, 1968, 162(3859): 1243 - 1248.

Harryson S. Japanese Technology and Innovation Management: From Know-How to Know-Who[M]. Edward Elgar Publishing, 1998.

Hausmann R, Hwang J, Rodrik D, What you export matters[J]. Journal of Economic Growth, 2007, 12(1): 1 - 25.

Heller M A, Rebecca S E. Can patents deter innovation? the anticommons in biomedical research[J]. Science, 1998, (1): 698 - 701.

Heller M A. The tragedy of the anticommons: property in the transition from marx to markets[J]. Harvard Law Review, 1998, 111(3): 621-688.

Henderson R, Cockburn I. Measuring competence? exploring firm effects in pharmaceutical research[J]. Strategic Management Journal, 1994, (15): 63-84.

Henderson R, Clark K. Architecture innovation: The reconfiguration of existing product technologies and the failure of established firms[J]. Administrative Science Quarterly, 1990, 35.

Hoetker G. Do modular products lead to modular organizations? [J]. Strategic Management Journal, 2006, 27(6): 501-518.

Hofman E., Halman J I M, van Looy B. Do design rules facilitate or complicate architectural innovation in innovation alliance networks? [J]. Research Policy, 2016, 45(7): 1436-1448.

Humphrey J, Schmitz H. Developing country firms in the world economy: governance and upgrading in global value chains[R]. INEF Report, University of Duisburg, 2002: 25-27.

Humphrey J, Schmitz H. Governance and upgrading: linking industrial cluster and global value chain research[R]. Institute of Development Studies, University of Sussex, Brighton, IDS Working Paper No 120, 2000.

Humphrey J, Schmitz H. Governance in global value chains[J]. IDS Bulletin, 2001, 32(3): 19-29.

Humphrey J. Opportunities for SMEs in developing countries to upgrade in the global economy[R]. International Labour Organisation SEED Working Paper 43, 2003.

Jacobides M G, Billinger S. Designing the boundaries of the firm: From "make, buy, or ally" to the dynamic benefits of vertical architecture[J]. Organization Science, 2006, 17(2): 249-261.

Jacobides M, et al. Benefiting from innovation: Value creation, value appropriation and the role of industry architectures[J]. Research Policy, 2006, 35(8): 1200-1221.

Jacobides M, Winter S. The coevolution of capabilities and transaction costs: Explaining the institutional structure of production[J]. Strategic Management Journal, 2005, 26(5): 395-413.

Jaspers F, Prencipe A, van den Ende J. Organizing interindustry architectural innovations: evidence from mobile communication applications[J]. Journal of Product Innovation Management, 2012, 29: 419-431.

Jepperson R. Political modernities: disentangling two underlying dimensions of institutional differentiation[J]. Sociological Theory. 2002, 20(1): 61-85.

Joseph J, Ocasio W. Architecture, attention, and adaptation in the multibusiness firm: General electric from 1951 to 2001[J]. Strategic Management Journal, (2012), 33: 633-660.

Kano S, Technical innovations, standardization and regional comparison-a case study in mobile communications[J]. Telecommunications Policy, 2000, 24(4).

Kapoor R, Lee J M. Coordinating and competing in ecosystems: How organizational forms shape new technology investments[J]. Strategic Management Journal, 2013, 34: 274 - 296.

Kapoor R. Persistence of Integration in the Face of Specialization: How Firms Navigated the Winds of Disintegration and Shaped the Architecture of the Semiconductor Industry[J]. Organization Science, 2013, 24(4): 1195 - 2013.

Karim S, Williams C. Structural knowledge: How executive experience with structural composition affects intrafirm mobility and unit reconfiguration[J]. Strategic Management Journal, 2012, 33(6): 681 - 709.

Katz M, Shapiro C. Network externalities, competition and compatibility [J]. American Economic Review, 1985, 75(3): 424 - 440.

Kim L. Imitation to innovation: The dynamics of Koreaps technological learning[M]. Harvard Business School Press, 1997.

Kim W C, Mauborgne R. Value innovation: the strategic logic of high growth[J]. Harvard Business Review, 1997(1): 103 - 112.

Kim W C, Mauborgne R. 蓝海战略——超越产业竞争,开创全新市场[M]. 商务印书馆,2005.

Klemperer P. How broad should the scope of patent protection be? [J]. The RAND Journal of Economics, 1990, 21(1): 113 - 130.

Koen P A. Innovation in large companies: approaches and organizational architecture [C]//Kahn K B. The PDMA Handbook of New Product Development, Second Edition [M]. John Wiley & Sons, Inc., 2007.

Koka B R, Prescott J E. Designing alliance networks: the influence of network position, environmental change and strategy on firm performance [J]. Strategic Management Journal, 2008, 29(6): 639 - 661.

Koopman R, Powers W, Wang Z, Wei S-J. Give Credit where Credit is Due: Tracing Value Added in Global Production Chains[R]. NBER Working Paper 16426, 2010.

Kothandaraman P, Wilson D T. The future of competition: value-creating networks [J]. Industrial Marketing Management, 2001, 30: 379 - 389.

Krugman P. A Model of Innovation, Technology Transfer, and the World Distribution of Income[J]. Journal of Political Economy, 1979, 87(2): 253 - 266.

Lall S. Building industrial competitiveness in developing countries [R]. Paris: Development Center, Organization for Economic Cooperation and Development, 1990.

Lall S. Competitiveness, Technology and Skills[M]. Cheltenham: Edward Elgar, 2001.

Lambrecht B M. The impact of debt financing on entry and exit in a duopoly[J].

Review of Financial Studies, 2001, 14(3).

Langinier C, Moschini G. The economics ofpatents: an overview[R]. Iowa: Iowa State University Working Paper 02-WP 293, 2002.

Langlois R N. Modularity in technology and organization[J]. Journal of Economic Behavior and Organization, 2002, 49(1): 19 - 37.

Langlois R. , The vanishing hand: the changing dynamics of industrial capitalism, Industrial and Corporate Change, 2003, 12(2): 351 - 385.

Leahy J V. Investment in competitive equilibrium: the optimality of myopic behavior [J]. Quarterly Journal of Economics, 1993, 108(4).

Lee K, Lim C. Technological regimes, catching-up and leapfrogging: findings from the korean industries[J]. Research Policy, 2001, 30(3): 459 - 483.

Lee K. Promoting innovative clusters through the regional research centre (rrc) policy programme in korea[J]. European Planning Studies, 2003, 11(1).

Lerner J, Tirole J. Efficient patent pools[J]. American Economic Review, 2004, 94 (3): 691 - 711.

Levinthal D A, March J G. The myopia of learning [J]. Strategic Management Journal, 1993, 14: 95 - 112.

Leydesdorff L A. A methodological perspective on the evaluation of the promotion of university-industry-government relations[J]. Small Business Economics, 2003, 20(2): 201 - 204.

MacCormack A, Baldwin C Y, Rusnak J. Exploring the duality between product and organizational architectures: a test of the "mirroring" hypothesis[J]. Research Policy, 2012.

MacCormack A, Rusnak J, Baldwin C Y. Exploring the duality between product and organizational architectures: a test of the mirroring hypothesis[R]. Harvard Business School working paper 08 - 039, 2008.

MacDuffie J P. Modularity-as-property, modularization-as-process, and "modularity"-as-frame: lessons from product architecture initiatives in the global automotive industry [J]. Global Strategy Journal, 2013, 3: 8 - 40.

Maksimovic V, Phillips G. Asset efficiency and reallocation decisions of bankrupt firms[J]. Journal of Finance, 1998, 53(5).

Maksimovic V, Stomper A, Zechner J. Capital structure, information acquisition and investment decisions in an industry framework[J]. European Finance Review, 1999, 2(3).

Maksimovic V, Zechner J. Debt, agency costs and industry equilibrium[J]. Journal of Finance, 1991, 46(9).

Maksimovic V. Capital structure in repeated oligopolies [J]. Rand Journal of Economics, 1988, 19(3).

Mani S. Exports of high technology products from developing countries: is it a real or statistical artifact? [EB/OL]. [2010 - 2 - 28]. http: //www. intech. unu. edu/publications/discussion-papers/2000-1. pdf.

March J G. Exploration and exploitation in organizational learning[J]. Organization Science, 1991, 2: 71 - 87.

Merges R P, Nelson R R. On the complex economics of patent scope[J]. Columbia Law Review of Economic Studies, 1990, 90(4): 839 - 916.

Miao J. Optimal capital structure and industry dynamics[J]. The Journal of Finance, 2005, 60(6).

Milesi-Ferretti G M. Fundamentals at Odds? The U. S. Current Account Deficit and The Dollar[R]. IMF Working Paper, No. WP/08/260, November 2008.

Murphy L M, Edwards P L. Bridging the Valley of Death: Transitioning from Public to Private Sector Financing [R]. Golden, Colorado: National Renewable Energy Laboratory, 2003.

Myers S C. The capital structure puzzle[J]. Journal of Finance, 1984, 39(3).

Nordhaus W D. Inventions growth and welfare: A theoretical treatment of technological change[M]. Cambridge, MA: MIT Press, 1969.

Nordhaus W D. The optimal life of a patent: reply[J]. The American Economic Review, 1972, 62(3): 428 - 431.

Normann R, Ramirez R, Designing Interactive Strategy: From the Value Chain to the Value Constellation[M]. John Wiley & Sons, 1994.

Normann R, Ramirez R. From value chain to value constellation: designing interactive strategy[J]. Harvard Business Review, 1993, 71: 65 - 77.

Orton J D, Weick K E. Loosely coupled systems: a reconceptualization[J]. Academy of Management Review, 1990, 15: 203 - 223.

Park W-Y, Ro Y K, Kim N. Architectural innovation and the emergence of a dominant design: the effects of strategic sourcing on performance[J]. Research Policy, 2018, 47, (1): 326 - 341.

Park W-Y; Ro Y K. Product architectures and sourcing decisions: their impact on performance[J]. Journal Management, 2013, 39(3): 814 - 846.

Parnas D, Clements P C, Weiss D M. The modular structure of complex systems [C]//IEEE Transactions on Software Engineering, Vol. SE - 11, No. 3, March 1985.

Perez C. The double bubble at the turn of the century: technological roots and structural implications[J]. Cambridge Journal of Economics, 2009, 33(4): 779 - 805.

Perez C. The double bubble at the turn of the century: technological roots and structural implications[J]. Cambridge Journal of Economics, 2009, 33(4): 779 - 805.

Peteraf M. The cornerstones of competitive advantage: a resource-based view[J]. Strategic Management Journal, 1993, 14(2): 179 - 191.

Pettigrew A M. Longitudinal field research on change: theory and practice[J].

Organization Science, 1990, 1(3): 267 - 292.

Phaal R, Muller G. An architectural framework for roadmapping: towards visual strategy[J]. Technology Forecasting & Social Change, 2009, 76(1): 39 - 49.

Pietrobelli C, Rabellotti R. Upgrading in Clusters and Value Chains in Latin America [R]. Washington, D. C. : Inter- American Development Bank, 2004.

Pil F K, Cohen S K. Modularity: implications for imitation, innovation, and sustained advantage[J]. Academy of Management Review, 2006. 31(4).

Pisano G, Teece D. How to capture value from innovation: sharping intellectual property and industry architecture[J]. California Management Review, 2007, 50(1): 278 - 296.

Pitkethly R H. Intellectual property strategy in Japanese and UK companies: patent licensing decisions and learning opportunities[J]. Research Policy, 2001, 30: 425 - 442.

Pittaway L, Robertson M, Kamal M, Denyer D, Neely A. Networking and innovation: a systematic review of the evidence[J]. International Journal of Management Reviews, 2004, 5/6(3&4): 137 - 168.

Porter M E. What is strategy? [J]Harvard Business Review, 1996, 74(6): 61 - 78.

Puranam P, Jacobides M G. The dynamics of coordination regimes: Implications for organizational design[R]. London Business School Working Paper, May, 2006.

Rip A. A quasi-evolutionary model of technological development and a cognitive approach to technology policy[J]. Rivista di Studi Epistemologici e Sociali Sulla Scienza e la Tecnologia, 1992, 2: 69 - 103.

Rip A. Introduction of new technology: making use of recent insights from sociology and economics of technology[J]. Technology Analysis & Strategic Management, 1995, 7(4): 417 - 31.

Ritter T, Gemünden H G. Network competence: its impact on innovation success and its antecedents[J]. Journal of Business Research, 2003, 56: 745 - 755.

Romano A, Passiante G, Elia V. New sources of clustering in the digital economy[J]. Journal of Small Business & Enterprise Development, 2001, 8(1).

Rothwell R. Successful industrial innovation: critical factors for the 1990s[J]. R&D Management, 1992, 22(3): 221 - 240.

Sako M. Modularity and outsourcing [C]//Prencipe A, Davies A, Hobday M. (eds.). The Business of Systems Integration [M]. Oxford: Oxford University Press, 2003.

Sanchez R, Mahoney J T. Modularity, flexibility, and knowledge management in product and organization design [J]. Strategic Management Journal, 1996, 17 (Special Issue): 63 - 76.

Sanchez R, Mahoney J T. Modularity, flexibility, and knowledge management in product and organization design[J]. Strategic Management Journal, 1996, 17: 63 - 76.

Sanchez R, Mahoney J. Modularity, flexibility, and knowledge management in product and organization design[J]. Strategic Management Journal, 1996, 17(1): 63 - 76.

Sanchez R. Strategic flexibility in product competition[J]. Strategic Management Journal, 1995, 16(S. I.): 135 - 159.

Sanders P. Phenomenology: A new way of viewing organizational research[J]. The Academy of Management Review, 1982, 7(3): 353 - 360.

Saxenian A, Li C-Y. Bay-to-bay strategic alliances: the network linkages between Taiwan and the US venture capital industries[J]. Technology Management, 2003, 25(1/2): 136 - 150.

Saxenian A. The silicon valley-hsinchu connection: technical communities and industrial upgrading[J]. Berkeley Planning Journal, 2001, 15: 3 - 31.

Scherer F M. Nordhaus theory of optimal patent life: a geometric reinterpretation[J]. American Economic Review, 1972, 62: 422 - 427.

Schilling M A, Steensma H K. The use of modular organizational forms: an industry-level analysis[J]. Academy of Management Journal, 2001, 44(6): 1149 - 1168.

Schilling M A, Steensma H K. The use of modular organizational forms: an industry level analysis[J]. Academy of Management Journal, 2001, 44(6): 1149 - 1168.

Schilling M A. Technological lockout: an integrative model of the economic and strategic factors driving technology success and failure[J]. Academy of Management Review, 1998, 23(2): 267 - 284.

Schilling M. Toward a general modular systems theory and its application to interfirm product modularity[J]. Academy of Management Review, 2000, 25(2): 312 - 334.

Schot J. The policy relevance of the quasi-evolutionary model: the case of stimulating clean technologies[C]//Coombs R, Saviotti P, Walsh V. Technological Change and Company Strategies: Economic and Sociological Perspectives[M]. London: Academic Press, 1992: 185 - 200.

Shapiro C, Varian H. Information Rules: A Strategic Guide to the Network Economy [M]. Harvard Business School Press, 1999.

Shapiro C, Varian H R. The art of standards wars[J]. Califor-nia Management Review, 1999, (18): 8 - 32.

Shapiro C. Navigating the patent thicket: cross licenses, patent pools and standard setting[J]. Innovation Policy and the Econnony, 2001.

Shibata T, et al. Empirical analysis of evolution of product architecture: Fanuc numerical controllers from 1962 to 1997[J]. Research Policy, 2005, 34(1): 13 - 31.

Showalter D M. Oligopoly and financial structure: comment[J]. American Economic Review, 1995, 85(3).

Siggel E. India's trade policy reforms and industry competitiveness in the 1980s[J]. The World Economy, 2001, 24(2): 159 - 183.

Simon H. The architecture of complexity[J]. American Philosophical Society, 1962, 106(6): 467 - 482.

Simpson T, D'souza B. Assessing variable levels of platform commonality within a product family using a multiobjective genetic algorithm[J]. Concurrent Engineering, 2004, 12(2): 119.

Sloane A. The standards process: tools and methods for standards tracking and implementation[J]. Computer Standards and Interfaces, 2000, 22: 5 - 12.

Soda G, Zaheer A. A network perspective on organizational architecture: performance effects of the interplay of formal and informal organization[J]. Strategic Management Journal, 2012, 33(6): 751 - 771.

Solow R M. Technical change and the aggregate production function[J]. Review of Economics and Statistics, 1957, 39: 312 - 320.

Somaya D, Teece D. J. Combining Inventions in Multi-Invention Contexts: Organizational Choices, Intellectual Property Rights, and Public Policy[R]. Haas School of Business working paper, 2000.

Sosa M, et al. The misalignment of product architecture and organizational structure in complex product development[J]. Management Science, 2004, 50(12): 1674 - 1689.

Srholec M. High-tech exports from developing countries: a symptom of technology spurts or statistical illusion? [J]. Review of World Economics, 2007, 143(2): 227 - 255.

Stuart T E, Podolny J M. Local search and the evolution of technological capabilities [J]. Strategic Management Journal, 1996(17): 21 - 38.

Sturgeon T J, Lester R. The New Global Supply-base: New Challenge for Local Suppliers in East Asia[M]. Oxford University Press, 2004.

Sturgeon T. Industry Co-evolution and the Rise of a Shared Supply-base for Electronics Manufacturing[R]. Paper presented at the Nelson and Winter Conference, 2001.

Sturgeon T. Modular production networks: a new American model of industrial organization[J]. Industrial and Corporate Change, 2002, 11(3): 451 - 496.

Sturgeon T. What Really Goes on in Silicon Valley? Spatial Clustering and Dispersal in Modular Production Networks[R]. Industrial Performance Center, Working Paper, 2003.

Suarez F F. Battles for technological dominance: an integrative framework [J]. Research Policy, 2004, 33(2): 271 - 286.

Suarez F F. , Utterback J M. Dominant designs and the survival of firms[J]. Strategic Management Journal, 1995, 16(6): 415 - 430.

Suominen M. Industry equilibrium with outside financing and moral hazard: Implications for market integration[J]. European Economic Review, 2004, 48(6).

Tang H K. An integrative model of innovation in organizations[J]. Technovation, 1998, 18(5): 297 - 309.

Tee R, Gawer A. Industry architecture as a determinant of successful platform strategies: a case study of the i-mode mobile internet service[J]. European Management Review, 2009, 6: 217 - 232.

Teece D J. Reflections on "profiting from innovation"[J]. Research Policy, 2006, 35 (3): 1131 - 1146.

Teece D J. Profiting from technological innovation: implications for integration, collaboration, licensing and public policy[J]. Research Policy, 1986, 15: 285 - 305.

Teece D P, Shuen G. Dynamic Capabilities and Strategic Management[J]. Strategic Management Journal, 1997, 18: 509 - 533.

Tsai W. Knowledge transfer in intraorganizational networks: effects of network position and absorptive capacity on business unit innovation and performance[J]. Academy of Management Journal, 2001, 44(5): 996 - 1004.

Tushman M, Anderson P, O'Reilly C. Technology cycles, innovation streams and ambidextrous organizations[C]//Tushman M, Anderson P (eds.). Managing Strategic Innovation and Change[M]. Oxford University Press1997: 3 - 23.

Tushman M, Smith W K. Organizational technology[C]//Baum J. Companion to Organizations[M]. Malden MA: Blackwell, 2002.

Ulrich K T, Eppinger S. Product Design and Development[M]. New York: McGraw-Hill, 1995.

Ulrich K T. Product architecture in the manufacturing firm[J]. Research Policy, 1995, 24(3): 419 - 440.

Ulrich K T. The role of product architecture in the manufacturing firm[J]. Research Policy, 1995, 24(3): 583 - 607.

Ulrich K. The role of product architecture in the manufacturing firm[J]. Research Policy, 1995, 24(3): 419 - 440.

UNCTAD. World Investment Report 2002: Transnational Corporations and Export Competitiveness[R]. UNCTAD, 2022.

Unruh G C, Carillo-Hermosilla J. Globalizing carbon lock-in[J]. Energy Policy, 2006, 34: 1185 - 1197.

Unruh G C. Escaping carbon lock-in[J]. Energy Policy, 2002, 30: 317 - 325.

Unruh G C. Understanding carbon lock-in[J]. Energy Policy, 2000, 28: 817 - 830.

Utterback J M, Abernathy W J. A dynamic model of process and product innovation [J]. The International Journal of Management Science, 1975, 3(6): 639 - 656.

Uzzi B. Social structure and competition in interfirm networks: the paradox of embeddedness[J]. Administrative Science Quarterly, 1997(42): 35 - 67.

Van Assche A. A Theory of Modular Production Networks[R]. HEC Montreal, 2005.

Vasudeva G, Zaheer A, Hernandez E. The embeddedness of networks: Institutions, structural holes, and innovativeness in the fuel cell industry[J]. Organization Science, 2013, 24: 646 - 663.

Vega-Jurado J, Gutierrez-Gracia A, Fernandez-De-Lucio I, Manjarres-Henriquez L. The effect of external and internal factors on firms' product innovation[J]. Research Policy, 2008, 37(4): 616 - 632.

Verspagen B. A new empirical approach to catching up and falling behind[J]. Structural Change and Economic Dynamics, 1991, (2): 359 - 380.

Verspagen B. Uneven Growth Between Interdependent Economics, An Evolutionary View on Technology Gaps, Trade and Growth [M]. Maastricht: Universitaire PersMastricht, 1992: 23 - 29.

Wagner P R, Parchomovsky G. Patent portfolios[R]. Pennsylvania: School of Law and University of Pennsylvania, 2004.

Wanzenried G. Capital structure decisions and output market competition under demand uncertainty[J]. International Journal of Industrial Organization, 2003, 21(2).

Weber M R, Hoogma B. Beyond national and technological styles of innovation diffusion: A dynamic perspective on cases from the energy and transport sectors[J]. Technological Analysis & Strategic Management, 1998(4): 545 - 566.

Weigelt C, Miller D J. Implications of internal organization structure for firm boundaries[J]. Strategic Management Journal, 2013.

Weigelt C. Leveraging supplier capabilities: The role of locus of capability deployment [J]. Strategic Management Journal, 2013, 34: 1 - 21.

Williams J L, Stracener J T. First steps in the development of a Program Organizational Architectural Framework (POAF)[J]. Systems Engineering, 2013, 16(1): 45 - 70.

Williams J T Financial and industrial structure with agency[J]. Review of Financial Studies, 1995, 8(2).

Winter S G. Schumpeterian competition in alternative technological regimes[J]. Journal of Economic Behavior and Organization, 1984, (5): 287 - 320.

Worren N, et al. Modularity, strategic flexibility, and firm performance: a study of the home appliance industry[J]. Strategic Management Journal, 2002, 23(12): 1123 - 1140.

Yin R K. Case Study Research: Design and Methods[M]. Thousand Oaks: Sage, 1994.

Zaheer A, Bell G G. Benefiting from network position: firm capabilities, structural holes, and performance[J]. Strategic Management Journal, 2005, 268: 809 - 825.

Zechner J. Financial market-product market interactions in industry equilibrium: implications for information acquistion decisions[J]. European Economic Review, 1996, 40 (3 - 5).

Zirpoli F, Becker M. Organization Strategy What Happens When You Outsource Too Much? [J]. MIT Sloan Management Review, 2011, 52(2).

Zirpoli F, Camuffo Aproduct architecture, inter-firm vertical coordination and knowledge partitioning in the auto industry[J]. European Management Review, 2009, 6: 250 - 264.

埃斯特琳. 美国创新在衰退? [M]. 北京: 机械工业出版社,2010.

安宁,罗珊. 科技自主创新投融资体系建设的国际经验与借鉴[J]. 科技管理研究,2007(11).

巴曙松,李胜利. 世界金融体系的重构与中国金融体系的调整[J]. 西部论丛,2008(11).

白雪洁,李媛. 我国战略性新兴产业发展如何避免低端锁定——以风电设备制造业为例[J]. 中国科技论坛,2012(03).

白勇. 比亚迪运营模式还能走多远[J]. 商界,2010(12).

彼得·诺兰,张瑾,刘春航. 全球商业革命、瀑布效应以及中国企业面临的挑战[J]. 北京大学学报(哲学社会科学版),2006(2).

蔡昉,王德文,王美艳. 工业竞争力与比较优势——WTO 框架下提高工业竞争力的方向[J]. 管理世界,2003(2).

曹东勃,秦茗. 金融创新与技术创新的耦合——兼论金融危机的深层根源[J]. 财经科学,2009(1).

曹庆奎,任向阳,刘琛,刘历波. 基于粗集-未确知测度模型的企业技术创新能力评价研究[J]. 系统工程理论与实践,2006(04).

曹远征,鹿朋. 全球产业转移下的国际货币体系错配: 日本泡沫经济的反思与启示[J]. 国际经济评论,2008(11 - 12).

岑丽君. 中国在全球生产网络中的分工与贸易地位——基于 TiVA 数据与 GVC 指数的研究[J]. 国际贸易问题,2015(01).

曾楚宏,王斌. 产业链整合、机制调整与信息化驱动[J]. 改革,2010(10).

曾乐民. 广东省技术经济研究发展中心主任曾乐民研究员: 重大创新政策之“花”结出广东重大创新之“果”[J]. 广东科技,2015(07).

陈洪涛,陈劲,施放,郑胜. 新兴产业发展中的政府作用机制研究——基于国家政治制度结构的理论分析模型[J]. 科研管理,2009(3).

陈继勇,吴宏. 全球经济失衡的可持续性问题研究——基于美中贸易失衡的角度[J]. 武汉大学学报(哲学社会科学版),2008(4).

陈剑锋,唐振鹏. 国外产业集群研究综述[J]. 国外经济与管理,2002(8).

陈力. 比亚迪: 低成本榨出利润链[J]. 商界评论,2010(5).

陈力田,赵晓庆,魏致善. 企业创新能力的内涵及其演变: 一个系统化的文献综述[J]. 科技进步与对策,2012(14).

陈力田. 企业技术创新能力演进规律研究[D]. 杭州: 浙江大学,2012.

陈三毛. 全球经济失衡成因分析: 主要观点及争论[J]. 苏州科技学院学报(社会科学

版),2008(8).

陈松,冯国安.三种技术导入模式的技术效果[J].科研管理,2003(03).

陈晓珊.中日两国在全球价值链上分工地位的演进特征及差异比较——基于行业上游度测算的视角[J].当代财经,2017(07).

陈耀.振兴老工业基地要实现八个转变[J].中国经贸导刊,2003(17).

程大中,魏如青,郑乐凯.中国服务贸易出口复杂度的动态变化及国际比较——基于贸易增加值的视角[J].国际贸易问题,2017(05).

程郁,王胜光.从"孵化器"到"加速器"——培育成长型企业的创新服务体系[J].中国科技论坛,2009(03).

代明,梁意敏,戴毅.创新链解构研究[J].科技进步与对策,2009(03).

代文彬,慕静,易训华.产业集群跨越式升级:基于集群龙头企业双链协同的研究[J].经济经纬,2012(06).

戴彬彬.产品内贸易与中国产业结构升级[J].北方经贸,2011(03).

戴威.PC的黄昏:生存还是死亡这是个问题[J].南都周刊,2010(33).

但兴悟.全球金融危机对中国和平发展的挑战[J].世界经济与政治,2008(12).

党印.全球经济失衡问题研究的新进展[J].当代经济管理,2008(12).

邓智团.科技金融服务产业与上海发展对策研究[J].上海经济,2016(03).

东方赢.企业超速成长[M].北京:企业管理出版社,1997.

董乡萍.技术路线图国内外实践的启示——基于技术管理工具演化视角[J].科技和产业,2009(10):93-98.

豆世红.统治:技术商人与华为的核心竞争力[M].南京:江苏人民出版社,2009.

杜晓君,王小干,夏冬.基于不同标准的竞争性专利联盟的市场绩效研究[J].科研管理,2012(07).

杜晓君.专利池:高新技术产业发展和竞争的主导范式[J].经济理论与经济管理,2007(10).

杜宇玮.国际代工的锁定效应及其超越[D].南京:南京大学,2011.

范强威,余斌,瓦迪·哈拉比.美国金融危机的实质、走向及其对中国的影响——范强威、余斌对话美国马克思主义经济学家瓦迪·哈拉比[N].中国社会科学院报,2009-3-3.

方创琳.京津冀城市群协同发展的理论基础与规律性分析[J].地理科学进展,2017(01).

方卫华.创新研究的三螺旋模型:概念、结构和公共政策含义[J].自然辩证法研究,2003(11).

傅允生.浙江产业转型升级约束条件与发展趋势[J].浙江学刊,2010(05).

高永彦,司光南.多元统计分析在区域经济动态综合评价中的应用[J].新疆大学学报(哲学·人文社会科学版),2010(04).

葛秋萍,李梅.我国创新驱动型产业升级政策研究[J].科技进步与对策,2013(16).

耿伟,李占霞.进口技术复杂度与中国企业加成率[J].现代财经(天津财经大学学报),2018(01).

郭怀英. 日本力促环保产业推动经济转型的经验与启示[J]. 中国投资，2010(4).

郭立新，陈传明. 模块化网络中企业技术创新能力系统演进的驱动因素——基于知识网络和资源网络的视角[J]. 科学学与科学技术管理，2010(02).

郭燕青，时洪梅. 比亚迪新能源汽车开发中的创新方式研究[J]. 管理案例研究与评论，2010(06).

韩昱. 专利联盟与技术标准的一体化分析——基于公共产品提供的视角[J]. 技术经济与管理研究，2012(07).

郝斌，冯增田. 模块化如何推动企业创新——基于文献回顾与理论构建研究[J]. 科学学与科学技术管理，2011(02).

何帆，张明. 美国次级债危机是如何酿成的[J]. 求是，2007(20).

何予平. 企业家精神与中国经济增长——基于 C－D 生产函数的实证研究[J]. 当代财经，2006(07).

何悦，苏瑞波. 英国“远期约定采购”的做法及其对广东的启示[J]. 广东科技，2017(08).

和育东. “专利丛林”问题与美国专利政策的转折[J]. 知识产权，2008(01).

贺力平. 东亚经济体外汇储备与国际金融危机[J]. 当代亚太，2008(6).

洪银兴. 科技创新与创新型经济[J]. 管理世界，2011(07).

洪银兴. 论创新驱动经济发展战略[J]. 经济学家，2013(01).

洪银兴. 现代化的创新驱动：理论逻辑与实践路径[J]. 江海学刊，2013(06).

洪勇. 追赶战略下后发国家制造业技术能力提升研究[D]. 大连：大连理工大学，2009.

胡鞍钢，刘生龙，任皓. 中国如何成为世界科技创新强国(2015—2050)[J]. 中国科学院院刊，2017(05).

胡国良. 长江三角洲地区制造业国际分工定位及其发展困局分析[J]. 世界经济与政治论坛，2005(05).

胡红卫. 研发困局——研发管理变革之路[M]. 北京：电子工业出版社，2009.

胡宏. “专利丛林”问题及对策研究[J]. 湖南工业职业技术学院学报，2009(03).

胡曙虹，黄丽，杜德斌. 全球科技创新中心建构的实践——基于三螺旋和创新生态系统视角的分析：以硅谷为例[J]. 上海经济研究，2016(03).

胡婷婷，文道贵. 发达国家创新驱动发展比较研究[J]. 科学管理研究，2013(02).

胡昭玲，宋佳. 基于出口价格的中国国际分工地位研究[J]. 国际贸易问题，2013(03).

黄曼. 企业技术能力结构及其对产学研合作的影响研究[D]. 广州：华南理工大学，2016.

黄南. 世界新兴产业发展的一般规律分析[J]. 科技与经济，2008(5).

黄宁燕，王培德. 实施创新驱动发展战略的制度设计思考[J]. 中国软科学，2013(04).

黄少安. 现代产权经济学导论[M]. 济南：山东人民出版社，1995.

黄小勇，陈运平. 软约束因素对经济增长影响研究综述[J]. 金融教育研究，2012(01).

霍兰. 隐秩序——适应性造就复杂性[M]. 周晓牧，韩晖，译. 上海：上海科技教育出版社，2000.

纪雨青，于占波．比亚迪：一个插班生的逆袭[J]．商用汽车，2017(05)．

贾根良，秦升．中国“高技术不高”悖论的成因与政策建议[J]．当代经济研究，2009(5)：44－49．

贾根良．后发工业化国家制度创新的三种境界——演化经济学假说并与杨小凯教授商榷[J]．南开经济研究，2003(5)．

贾根良．评佩蕾斯的技术革命、金融危机与制度大转型[J]．经济理论与经济管理，2009(02)．

江积海．后发企业知识传导与新产品开发的路径及其机制——比亚迪汽车公司的案例研究[J]．科学学研究，2010(4)．

江诗松．转型经济中后发企业创新能力的追赶路径：所有权的视角[D]．杭州：浙江大学，2012．

江小涓．利用全球科技资源提高自主创新能力[J]．求是，2006(07)．

姜江．我国部分新兴产业存在“潜在产能过剩”问题[J]．宏观经济管理，2010(10)．

姜卫韬．中小企业自主创新能力提升策略研究——基于企业家社会资本的视角[J]．中国工业经济，2012(06)．

金碚．中国企业竞争力报告(2007)：盈利能力与竞争力[M]．北京：社会科学文献出版社，2007．

景晨阳．架构创新对企业绩效影响路径研究[D]．呼和浩特：内蒙古大学，2017．

课题组，朱瑞博，刘芸．上海国资引领战略性新兴产业跃迁式升级的架构创新路径研究：以新能源汽车产业为例[J]．上海行政学院学报，2012(04)．

孔凡静．日本经济发展战略[M]．北京：中国社会科学出版社，1983．

黎运智，孟奇勋．问题专利的产生及其控制[J]．科学学研究，2009(05)．

李海舰，陈小勇．企业无边界发展研究——基于案例的视角[J]．中国工业经济，2011(06)．

李海舰，聂辉华．论企业与市场的相互融合[J]．中国工业经济，2004(08)．

李洪文．我国创新驱动发展面临的问题与对策研究[J]．科学管理研究，2013(03)．

李强，郑江淮．基于产品内分工的我国制造业价值链攀升：理论假设与实证分析[J]．财贸经济，2013(09)．

李若谷，冯春平．美国次贷危机的走向及对中国经济的影响[J]．国际经济评论，2008(2)．

李巍，丁超．企业家精神、商业模式创新与经营绩效[J]．中国科技论坛，2016(07)．

李武威．外资研发、技术创新资源投入与本土企业创新绩效的关系研究[J]．情报杂志，2013(02)．

李向波，李叔涛．基于创新过程的企业技术创新能力评价研究[J]．中国软科学，2007(02)．

李向阳．全球经济失衡及其对中国经济的影响[J]．国际经济评论，2006(02)．

李晓华．模块化、模块再整合与产业格局的重构——以“山寨”手机的崛起为例[J]．中国工业经济，2010(7)．

梁洪力，王海燕. 关于德国创新系统的若干思考[J]. 科学学与科学技术管理，2013(06).

梁军. 垄断、竞争与合作的聚合：产业标准模块化创新研究[J]. 天津社会科学，2012(03).

梁军. 自主发展还是被俘获：发展战略性新兴产业的抉择[J]. 天津社会科学，2011(5).

梁运文，劳可夫. 网络分割、创新借势与中国国家“创新驱动”发展断裂突破——基于国家竞争优势拓展的视角[J]. 经济理论与经济管理，2010(03).

廖晓东. 完善财政政策与支持机制　加快实施创新驱动发展战略——基于广东改革创新实践[J]. 决策咨询，2015(06).

林淼，苏竣，张雅娴，陈玲. 技术链、产业链和技术创新链：理论分析与政策含义[J]. 科学学研究，2001(04).

刘城. 基于全球价值链视角的本土跨国公司培育路径探析[J]. 广东社会科学，2013(03).

刘传林，陈坤，张瑛. 技术路线图制定流程及其柔性机制研究[J]. 科学学与科学技术管理，2010(04)：50－55.

刘刚. 低端破坏：中国电动汽车产业化路径[J]. 中国科技财富，2010(19).

刘辉锋. 自主创新与我国战略性新兴产业发展的“机会窗口”[J]. 中国科技论坛，2011(9).

刘家洋. 比亚迪新能源汽车创新生态系统发展模式与机制研究[D]. 哈尔滨：哈尔滨理工大学，2016.

刘建兵，柳卸林. 企业研究与开发的外部化及对中国的启示[J]. 科学学研究，2005(03).

刘杰，宋江蔚. 企业竞争中的专利网战略[J]. 财经研究，1997(08).

刘骏民，李凌云. 世界经济虚拟化中的全球经济失衡与金融危机[J]. 社会科学，2000(1).

刘琳，盛斌. 全球价值链和出口的国内技术复杂度——基于中国制造业行业数据的实证检验[J]. 国际贸易问题，2017(03).

刘威，陈继勇. 全球经济失衡理论若干问题的研究综述[C]//全国美国经济学会第八届会员代表大会论文集[R]. 2007.

刘细文，柯春晓. 技术路线图的应用研究及其对战略情报研究的启示[J]. 图书情报工作，2007(06)：37－40，112.

刘湘丽. 日本技术战略图的分析与启示[J]. 经济管理，2009(09)：1－5.

刘祥和，曹瑜强. “金砖四国”分工地位的测度研究——基于行业上游度的视角[J]. 国际经贸探索，2014(06).

刘洋，应瑛. 架构理论研究脉络梳理与未来展望[J]. 外国经济与管理，2012(06).

刘友金. 集群式创新形成与演化机理研究[J]. 中国软科学，2003(2).

刘芸，朱瑞博. 第三次工业革命的核心本质及其推进路径[J]. 中国浦东干部学院学报，

2013(06).

刘芸,朱瑞博.互联网金融、小微企业融资与征信体系深化[J].征信,2014(02).

刘芸,朱瑞博.我国科技金融发展的困境、制度障碍与政策创新取向[J].福建论坛(人文社会科学版),2014(01).

刘芸,朱瑞博.专利丛林背景下科技型小微企业融资长效机制构建[J].经济体制改革,2013(06).

刘则渊,陈悦.新巴斯德象限:高科技政策的新范式[J].管理学报,2007(3):346-353.

刘志彪,于明超.从GVC走向NVC:长三角一体化与产业升级[J].学海,2009(05).

刘志彪.重构国家价值链:转变中国制造业发展方式的思考推荐[J].世界经济与政治论坛,2011(4).

刘志阳,程海狮.战略性新兴产业的集群培育与网络特征[J].改革,2010(05).

刘志阳.战略性新兴产业主导设计形成机理与竞争策略研究[J].经济社会体制比较,2010(5).

龙开元.全球技术导入对企业升级的影响研究[J].中国科技论坛,2011(02).

娄思.全球价值链视角下的我国制造业升级问题研究[D].兰州:兰州商学院,2013.

卢锋.产品内分工[J].经济学(季刊),2004(4).

卢福财,胡平波.全球价值网络下中国企业低端锁定的博弈分析[J].中国工业经济,2008(10).

路风,慕玲.本土创新、能力发展和竞争优势——中国激光视盘播放机工业的发展及其对政府作用的政策含义[J].管理世界,2003(12).

路风,余永定."双顺差"、能力缺口与自主创新——转变经济发展方式的宏观和微观视野[J].中国社会科学,2012(06).

路风.走向自主创新:寻找中国力量的源泉[M].桂林:广西师范大学出版社,2006.

罗嘉文,张光宇,谭丹丹.战略生态位管理过程研究现状综述[J].广东工业大学学报(社会科学版),2013(02).

罗嘉文,张光宇.基于SNM理论的协同创新体系构建[J].江西社会科学,2013(08).

罗珉.价值星系:理论解释与价值创造机制的构建[J].中国工业经济,2006(01).

吕林,刘芸,朱瑞博.中国(上海)自由贸易试验区与长江经济带制造业服务化战略[J].经济体制改革,2015(04).

吕强.基于核心能力的企业集成创新模式探讨[J].经济纵横,2006(09).

吕铁.论技术标准化与产业标准战略[J].中国工业经济,2005(07).

吕一博,苏敬勤."创新过程"视角的中小企业创新能力结构化评价研究[J].科学学与科学技术管理,2011(08).

马野青,张梦,巫强.什么决定了中国制造业在全球价值链中的地位?——基于贸易增加值的视角[J].南京社会科学,2017(03).

毛汉英.京津冀协同发展的机制创新与区域政策研究[J].地理科学进展,2017(01).

毛荐其,刘娜.基于技术生态的技术协同演化机制研究[J].自然辩证法研究,

2010(11).

毛良虎,王磊磊,房磊.企业家精神对企业绩效影响的实证研究——基于组织学习、组织创新的中介效应[J].华东经济管理,2016(05).

冒乔玲,许敏.技术创新驱动企业成长的绩效分析——基于创新型上市公司的实证研究[J].企业经济,2012(04).

梅述恩,聂鸣.嵌入全球价值链的企业集群升级路径研究——以晋江鞋企业集群为例[J].科研管理,2007(7):30-35.

蒙丹.全球价值链构建与发展中国家产业升级——基于"嵌入"与"构建"的比较[J].福建行政学院学报,2011(3).

蒙丹.探析我国产业结构调整的两大制约因素[J].发展研究,2010(05).

穆荣平,樊永刚,文皓.中国创新发展:迈向世界科技强国之路[J].中国科学院院刊,2017(05).

聂莉.论我国金融服务业模块化管理的创新——一个新产业结构的理念[J].广西农村金融研究,2006(4).

欧阳桃花,丁玲,黄江明.汽车模具制造能力演化路径与能力构筑竞争:北京比亚迪模具案例[J].管理学报,2012(02).

派恩二世.大规模定制:企业竞争的新前沿[M].北京:中国人民大学出版社,2000.

佩雷丝.技术革命与金融资本:泡沫与黄金时代的动力学[M].北京:中国人民大学出版社,2007.

佩蕾丝,苏蒂.技术上的追赶:进入壁垒和机会窗口[C]//G.多西等编.技术进步与经济理论[M].经济科学出版社,1994.

彭春燕.完善需求面创新政策扩大科技创新的市场需求——OECD《需求面创新政策》报告对我国的启示[J].科技创新与生产力,2013(05).

彭剑锋.企业家要准确定位[J].企业科技与发展,2009(5).

蒲华林,张捷.产品内国际分工与中国零部件贸易——理论、现状和问题[J].世界经济研究,2010(04).

钱书法,周绍东.产品内分工陷阱:马克思分工理论与产品建构理论的解释及其比较[J].经济学家,2010(10).

青木昌彦,安藤晴彦.模块时代:新产业结构的本质[M].上海:上海远东出版社,2003.

邱斌,叶龙凤,孙少勤.参与全球生产网络对我国制造业价值链提升影响的实证研究——基于出口复杂度的分析[J].中国工业经济,2012(01).

任若恩,王惠文.多元统计数据分析——理论方法案例[M].北京:国防工业出版社,1997.

任永菊.价值链理论的历史演进及其未来[J].中国集体经济,2012(06).

任宗强.基于创新网络协同提升企业创新能力的机制与规律研究[D].杭州:浙江大学,2012.

阮家港."四化"同步发展水平动态评价研究——基于时序全局主成分分析方法[J].西

南交通大学学报(社会科学版),2016(03).

申俊龙,王希泉,徐佩.企业非市场行为的战略化路径——基于创新驱动的观点[J].首都经济贸易大学学报,2011(03).

盛世豪.经济全球化背景下传统产业集群核心竞争力分析——兼论温州区域产业结构的代际锁定[J].中国软科学,2004(9):114-120.

施炳展.中国出口产品的国际分工地位研究——基于产品内分工的视角[J].世界经济研究,2010(01).

施振荣.IO联网组织:知识经济的经营之道[M].北京:生活·读书·新知三联书店,2000.

宋河发,穆荣平,曹鸿星.技术标准与知识产权关联及其检验方法研究[J].科学学研究,2009(02).

宋磊.中国版模块化陷阱的起源、形态与企业能力的持续提升[J].学术月刊,2008(02).

宋铁波,孔令才.企业网络能力与不连续性技术创新战略选择关系研究[J].科学学研究,2008(S1).

苏敬勤,洪勇.发展中国家技术能力研究综述[J].研究与发展管理,2009(03).

孙鳌.以研发联盟推动企业集群的产业升级[J].当代经济研究,2009(02).

孙福全,刘冬梅.华为的自主创新之路:从销售代理商到准世界级企业[J].中国科技论坛,2008(06).

孙国旺.德国支持产业技术创新联盟的做法和经验[J].全球科技经济瞭望,2009(02).

孙庆文,李建革,朱希铎,冯华.科技成果转化的一种新模式——基于中关村天合科技成果转化促进中心的案例研究[J].情报工程,2016(03).

孙晓峰.模块化技术与模块化生产方式:以计算机产业为例[J].中国工业经济,2005(06).

孙耀吾,赵雅,曾科.技术标准化三螺旋结构模型与实证研究[J].科学学研究,2009(05).

孙瑜康,李国平.京津冀协同创新水平评价及提升对策研究[J].地理科学进展,2017(01).

谭劲松,薛红志.主导设计形成机理及其战略驱动因素研究[J].中国软科学,2007(7).

汤碧.中日韩高技术产品出口贸易技术特征和演进趋势研究——基于出口复杂度的实证研究[J].财贸经济,2012(10).

唐国华.企业家精神、产品创新与内生经济增长——理论模型和基于中国数据的经验研究[J].经济问题,2014(03).

藤本隆宏.能力构筑竞争——日本的汽车产业为何强盛[M].中信出版社,2007.

佟瑞,李从东,汤勇力,胡欣悦.基于战略愿景与使命的产业技术路线图研究[J].科学学与科学技术管理,2010(11).

童时中.模块化原理:设计方法及应用[M].中国标准出版社,2000.

汪寿阳,李自然等.应充分发挥技术创新对我国经济的拉动作用[N].科学时报,2009-

03－11.

王宝友，宁汝新，崔丽华. 模块化企业结构探讨[J]. 组合机床与自动化加工技术，2002(1).

王昌林，姜江，盛朝讯，韩祺. 大国崛起与科技创新——英国、德国、美国和日本的经验与启示[J]. 全球化，2015(09).

王东. 美国次贷危机的深层次原因与影响[J]. 当代经济，2008(9).

王发明，仝震，毛荐其. 基于新兴技术的我国能源产业政策研究[J]. 经济问题探索，2010(07).

王贵明，王金懿. 电动汽车新产业链的理想运行模式探讨[J]. 汽车工业研究，2011(02).

王宏起，汪英华，武建龙，刘家洋. 新能源汽车创新生态系统演进机理——基于比亚迪新能源汽车的案例研究[J]. 中国软科学，2016(04).

王家宝，陈继祥. 颠覆性创新、生产性服务业与后发企业竞争优势[J]. 科学学研究，2010(03).

王金亮. 基于上游度测算的我国产业全球地位分析[J]. 国际贸易问题，2014(03).

王晋刚，张铁军. 专利化生存[M]. 知识产权出版社，2005.

王君. 从“紧跟”到“领跑”——振华港机是如何打造成中国装备制造业的“航空母舰”的[J]. 上海企业，2008(09).

王敏，冯宗宪. 全球价值链、微笑曲线与技术锁定效应——理论解释与跨国经验[J]. 经济与管理研究，2013(09).

王敏，银路. 新兴技术演化的整体性分析框架：“三要素多层次”共生演化机理研究[J]. 技术经济，2010(02).

王倩. 高端装备制造企业技术资本配置探讨[D]. 青岛：中国海洋大学，2014.

王琴. 基于价值网络重构的企业商业模式创新[J]. 中国工业经济，2011(1).

王全喜，李贞，陈梅. 创造性模仿——比亚迪的竞争模式[J]. 经营与管理，2010(05).

王珊珊，王宏起，邓敬斐. 产业联盟技术标准化过程及政府支持策略研究[J]. 科学学研究，2012(03).

王生辉、张京红. 突破性创新、在位者惰性与组织再造[J]. 科学学与科学技术管理，2007(7).

王胜光，程郁. 企业的成长动力机制及“加速器”的作用机理[J]. 科学学与科学技术管理，2009(05).

王胜利. 专利池及构建策略研究——以温州企业为例[J]. 改革与战略，2009(02).

王益民，宋琰纹. 全球生产网络效应、集群封闭性及其“升级悖论”——基于大陆台商笔记本电脑产业集群的分析[J]. 中国工业经济，2007(04).

王迎春，吉利久. SOC 设计过程的质量保证[J]. 电子产品世界，2002(Z1).

王元，程家瑜等. 当前金融危机和技术变革分析[J]. 中国科技论坛，2009.

王竹泉，杜媛. 利益相关者视角的企业形成逻辑与企业边界分析[J]. 中国工业经济，2012(03).

卫兴华.创新驱动与转变发展方式[J].经济纵横,2013(07).

吴德进.外资集群网络下本地企业升级障碍及其突破[J].金融经济,2009(02).

吴东,吴晓波.技术追赶的中国情境及其意义[J].自然辩证法研究,2013(11).

吴家喜,李春景,邢小强.领先市场导向的科技资源配置方式[J].中国科技论坛,2010(09).

吴家喜,吴贵生.领先市场研究文献综述[J].软科学,2008(02).

吴家喜,邢小强,吴贵生.基于领先市场的国家创新政策[J].中国科技论坛,2009(05).

吴联生,岳衡.税率调整和资本结构变动——基于我国取消"先征后返"所得税优惠政策的研究[J].管理世界,2006(11).

吴晓波,吴东.全球制造网络与中国大中型企业的自主创新——现状、瓶颈与出路[J].科技管理研究,2010(04).

吴义爽,蔡宁.我国集群跨越式升级的"跳板"战略研究[J].中国工业经济,2010(10).

吴志鹏,方伟珠,包海波.专利制度对技术创新激励机制微观安排的三个维度[J].科学学与科学技术管理,2003(1):52-56.

肖广岭.创新集群及其政策意义[J].自然辩证法研究,2003(10).

肖林.寻求高新技术投融资破解之道[N].解放日报,2009-10-11.

肖威,刘德学.中国制造业的国际分工地位再考察——基于贸易增加值的视角[J].商业经济研究,2017(10).

谢荷锋.技术剩余与企业技术导入博弈分析[J].预测,2001(05).

谢来辉.碳锁定、"解锁"与低碳经济之路[J].开放导报,2009(05).

谢伟.全球生产网络中的中国轿车工业[J].管理世界,2006(12).

谢伟.中国企业技术创新的分布和竞争策略——中国激光视盘播放机产业的案例研究[J].管理世界,2006(02).

辛乔利.次贷危机源于管理疏忽[J].卓越理财,2008(5).

邢小强,王玉荣,吴家喜.全球领先市场视角下的企业创新战略选择[J].科技进步与对策,2010(17).

徐冠华.利用好全球的科技资源[N].人民日报(海外版),2006-07-24(001).

徐宏玲.模块化组织研究.[M].成都:西南财经大学出版社,2006.

徐康宁,陈健.国际生产网络与新国际分工[J].国际经济评论,2007(11-12):38-41.

徐康宁,陈健.跨国公司价值链的区位选择及其决定因素[J].经济研究,2008(03).

徐宁,徐鹏,吴创.技术创新动态能力建构及其价值创造效应——来自中小上市公司的经验证据[J].科学学与科学技术管理,2014(08).

徐元.知识产权与技术标准相结合的趋势、法律问题与解决途径[J].当代经济管理,2010(10).

许庆瑞,陈力田,吴志岩.战略可调性提升产品创新能力的机理——内外权变因素的影响[J].科学学研究,2012(08).

许庆瑞,吴志岩,陈力田.转型经济中企业自主创新能力演化路径及驱动因素分析——海尔集团1984—2013年的纵向案例研究[J].管理世界,2013(04).

宣烨,陈启斐.生产性服务品进口技术复杂度与技术创新能力——来自全球高科技行业的证据[J].财贸经济,2017(09).

薛晨菁.中国纺织品在全球价值链中的位置变化研究[D].西安:陕西师范大学,2014.

薛光明,韩江波.模仿性技术创新、原发性技术创新与产业升级[J].经济师,2009(2):46-47.

亚当·杰夫,乔希·勒纳.创新及其不满:专利体系对创新与进步的危害及对策[M].罗建平,兰花,译.北京:中国人民大学出版社,2007.

延冈健太郎,上野正树.中国企业在信息家电领域的竞争力:模块型产品开发中的组合能力的极限[EO/BL].[2005-03].http://www.rieti.go.jp/cn/publications/dp/05j004_cn.pdf.

颜士梅,兰美艺.基于技术整合战略的技术导入方式选择——以医药企业为例[J].科技管理研究,2009(09).

扬西蒂,莱维恩.共赢:商业生态系统对企业战略、创新和可持续性的影响[M].王凤彬,等译.北京:商务印书馆,2006.

杨桂菊,刘善海.从OEM到OBM:战略创业视角的代工企业转型升级——基于比亚迪的探索性案例研究[J].科学学研究,2013(02).

杨林.从几次金融危机看虚拟经济与实体经济关系[J].中国金融,2009(5).

杨燕,高山行.创新驱动、自主性与创新绩效的关系实证研究[J].科学学研究,2011(10).

杨以文,郑江淮.战略性新兴产业的发展:基于领先市场之分析[J].现代财经(天津财经大学学报),2011(11).

杨枝煌.中国金融模块化与现代化[J].当代经济科学,2005(7).

姚远,宋伟.技术标准的网络效应与专利联盟[J].科学学与科学技术管理,2011(02).

叶青,肖素均.中国新首富王传福[M].北京:华文出版社,2009.

尹生.让先行者为自己埋单——腾讯创新与模仿的平衡术[J].21世纪商业评论,2008(3).

尹彦罡,李晓华.中国制造业全球价值链地位研究[J].财经问题研究,2015(11).

尹宗成,李向军.金融发展与区域经济增长——基于企业家精神的视角[J].中央财经大学学报,2012(11).

余文斌,华鹰.技术联盟"前端控制"型专利池构建与运作模式研究[J].科技与法律,2009(06).

郁国培.美国次贷危机的机理、根源及其启示[J].浙江金融,2008(9).

袁东明,马骏,王怀宇.着力解决我国创新链中的重大瓶颈问题[J].中国发展观察,2014(06).

袁嘉欣.中国制造业GVC分工地位测算及影响因素分析[D].北京:北京交通大学,2016.

袁晓东,李晓桃.专利池的治理结构分析[J].科学学与科学技术管理,2009(08).

昝廷全.系统经济:新经济的本质——兼论模块化理论.中国工业经济,2003(9).

詹映，朱雪忠.标准和专利战的主角——专利池解析[J].研究与发展管理，2007(01).

张保明.美国政府迅速落实智能电网计划[J].高科技与产业化，2010(3).

张钢，高若阳.设计模块化对组织方式的影响机制：一个交易成本的视角[C]//第二届(2007)中国管理学年会论文集，2007.

张国宝.我国装备制造业自主创新和世界装备制造业发展情况[J].航空制造技术，2008(06).

张杰貌.全球价值链背景下我国地方产业集群升级困境与反思[J].东南亚纵横，2009(09).

张军.基于知识积累的企业创新能力演化规律研究[D].杭州：浙江大学，2012.

张来武.论创新驱动发展[J].中国软科学，2013(01).

张蕾.中国创新驱动发展路径探析[J].重庆大学学报(社会科学版)，2013(04).

张利华.华为研发：中国式研发成长典范产业升级最佳指南[M].北京：机械工业出版社，2010.

张梦中，马克·霍哲.案例研究方法论[J].中国行政管理，2002(1).

张米尔，冯永琴.标准联盟的兴起及诱发技术垄断的机制研究[J].科学学研究，2010(05).

张米尔，姜福红.创立标准的结盟行为及对自主标准的作用研究[J].科学学研究，2009(04).

张米尔，田丹.从引进到集成：技术能力成长路径转变研究——“天花板”效应与中国企业的应对策略[J].公共管理学报，2008(01).

张米尔，田丹.第三方技术源对跨越追赶陷阱的作用研究[J].科学学研究，2008(02).

张米尔，杨阿猛.基于技术集成的企业技术能力成长[J].研究与发展管理，2004(06).

张米尔，张美珍，冯永琴.技术标准背景下的专利池演进及专利申请行为[J].科研管理，2012(07).

张明.次贷危机对当前国际货币体系的冲击[J].世界经济与政治，2009(6).

张佩峰.推动我国“天使投资”发展的税收政策建议[J].税务研究，2015(10).

张鹏.分工均衡演化视角下发展中国家模块化陷阱演进及其跨越[J].中国科技论坛，2013(10).

张其仔等.模块化、产业内分工与经济增长方式转变[M].北京：社会科学文献出版社，2008.

张锐.比亚迪的反常规路线[J].企业管理，2010(3).

张山斯.德信无线 VS 联发科　精英与山寨较量[J].商界评论，2009(9).

张思嘉，王珍义.武汉市中小高新技术企业技术创新的金融支持研究[J].经济研究导刊，2014(27).

张为付，戴翔.中国全球价值链分工地位改善了吗？——基于改进后出口上游度的再评估[J].中南财经政法大学学报，2017(04).

张振刚，胡琪玲.外资研发与本地高技术企业创新能力间的关系——基于技术溢出的视角[J].技术经济，2012(08).

赵红岩.全球价值链下长三角嵌链式升级模式[M].北京：科学出版社,2010.

赵慧.从腾讯看“中国式克隆”的成功与隐患[J].东南传播,2010(9).

赵建国.美国创新战略突出知识产权[N].中国知识产权报,2011-06-15.

赵峥.科技创新驱动中国城市发展研究[J].学习与探索,2013(03).

赵志凌.关于发展战略性新兴产业的思考[N].新华日报,2010-07-06.

郑丹青,于津平.中国出口贸易增加值的微观核算及影响因素研究[J].国际贸易问题,2014(08).

郑江淮.理解战略性新兴产业的发展——概念、可能的市场失灵与发展定位[J].上海金融学院学报,2010(04).

中国浦东干部学院课题组,朱瑞博,刘芸等.以高端化战略提升上海在全球价值链中的地位[J].科学发展,2015(10).

钟星,李刚.腾讯成功的秘籍与启示[J].信息网络,2010(07).

周海涛,林映华.政府支持企业科技创新市场主导型政策构建研究——基于“市场需求-能力供给-环境制度”结构框架[J].科学学与科学技术管理,2016(05).

周勤,周绍东.产品内分工与产品建构陷阱：中国本土企业的困境与对策[J].中国工业经济,2009(08).

周新苗,王志斌.价值链攀升机理及重要影响因素研究——基于中国制造业区域面板数据的分析[J].宁波大学学报(人文科学版),2016(01).

周新生.产业兴衰论[M].西安：西北大学出版社,2000.

周振华.产业融合中的空间结构：产业群集扩展[J].改革,2004(3).

朱安东,尹哲.长波理论视野中的美国金融危机[J].马克思主义与现实,2008(4).

朱春全.生态位态势理论与扩充假说[J].生态学报,1997,17(3)：324-332.

朱迪·埃斯特琳.美国创新在衰退？[M].闾佳,翁翼飞,译.北京：机械工业出版社,2010.

朱桂龙.产学研与企业自主创新能力提升[J].科学学研究,2012(12).

朱启贵.以体制机制创新驱动科技创新[J].人民论坛,2011(35).

朱瑞博,刘芸,刘志阳,陈元志,张海涛.促进中小科技企业发明专利转化的扶持与服务措施研究[J].科学发展,2012(05).

朱瑞博,刘芸.我国战略性新兴产业发展的总体特征、制度障碍与机制创新[J].社会科学,2011(05).

朱瑞博,刘芸.战略性新兴产业的培育及其自主创新[J].重庆社会科学,2011(02).

朱瑞博,刘芸.战略性新兴产业的自主创新及网络发展[J].重庆社会科学,2011(02).

朱瑞博,刘芸.战略性新兴产业机制培育条件下的政府定位找寻[J].改革,2011(06).

朱瑞博,刘志阳,刘芸.架构创新、生态位优化与后发企业的跨越式赶超——基于比亚迪、联发科、华为、振华重工创新实践的理论探索[J].管理世界,2011(07).

朱瑞博.“十二五”时期上海高技术产业发展：创新链与产业链融合战略研究[J].上海经济研究,2010(7).

朱瑞博.核心技术链、核心产业链及其区域产业跃迁式升级路径[J].经济管理,

2011(04).

朱瑞博.价值模块的虚拟再整合：以IC产业为例[J].中国工业经济,2004(1).

朱瑞博.价值模块整合与产业融合[J].中国工业经济,2003(8).

朱瑞博.金融契约、治理结构与产业整合[M].上海：复旦大学出版社,2006.

朱瑞博.模块化、组织柔性与虚拟再整合产业组织体系[J].产业经济评论,2004(2).

朱瑞博.模块化抗产业集群内生性风险的机理分析[J].中国工业经济,2004(5).

朱瑞博.模块生产网络价值创新的整合架构研究.[J].中国工业经济,2006(1).

朱瑞博.全球产业重构与中国产业整合战略[J].改革,2004(4).

朱瑞博.推进上海战略性新兴产业发展对策研究[J].科学发展,2010(12).

朱瑞博.中国战略性新兴产业培育及其政策取向[J].改革,2010(03).

朱翔华,王益谊.发达国家标准与知识产权结合现状及启示[J].信息技术与标准化,2009(Z1).

图书在版编目(CIP)数据

基于架构创新能力的全球价值链地位提升研究 / 刘芸著 .— 上海 ：上海社会科学院出版社，2023
ISBN 978 - 7 - 5520 - 4033 - 3

Ⅰ.①基… Ⅱ.①刘… Ⅲ.①世界经济—研究 Ⅳ.①F11

中国版本图书馆 CIP 数据核字(2022)第 249203 号

基于架构创新能力的全球价值链地位提升研究

著　　者：刘　芸
责任编辑：应韶荃
封面设计：右序设计
出版发行：上海社会科学院出版社
上海顺昌路 622 号　邮编 200025
电话总机 021 - 63315947　销售热线 021 - 53063735
http://www.sassp.cn　E-mail:sassp@sassp.cn
排　　版：南京展望文化发展有限公司
印　　刷：上海颛辉印刷厂有限公司
开　　本：720 毫米×1000 毫米　1/16
印　　张：12
字　　数：205 千
版　　次：2023 年 3 月第 1 版　　2023 年 3 月第 1 次印刷

ISBN 978 - 7 - 5520 - 4033 - 3/F・723　　定价：60.00 元